Dʳ Jean CALOT

de la Faculté de Médecine de Paris
Ancien Interne de l'Hôpital Saint-Michel
Ancien Interne suppléant de l'Asile de Villejuif

DES FORMALITÉS

imposées aux Psychopathes

ESSAI CRITIQUE

de la loi de 1838 et de sa réforme

PARIS
ALFRED LECLERC, ÉDITEUR
19, RUE MONSIEUR-LE-PRINCE, 19

1914

DES FORMALITÉS
imposées aux psychopathes

ESSAI CRITIQUE
de la loi de 1838 et de sa réforme

Dʳ Jean CALOT

de la Faculté de Médecine de Paris
Ancien Interne de l'Hôpital Saint-Michel
Ancien Interne suppléant de l'Asile de Villejuif

DES FORMALITÉS
imposées aux Psychopathes

ESSAI CRITIQUE
de la loi de 1838 et de sa réforme

PARIS

ALFRED LECLERC, ÉDITEUR
19, Rue Monsieur-le-Prince, 19

1914

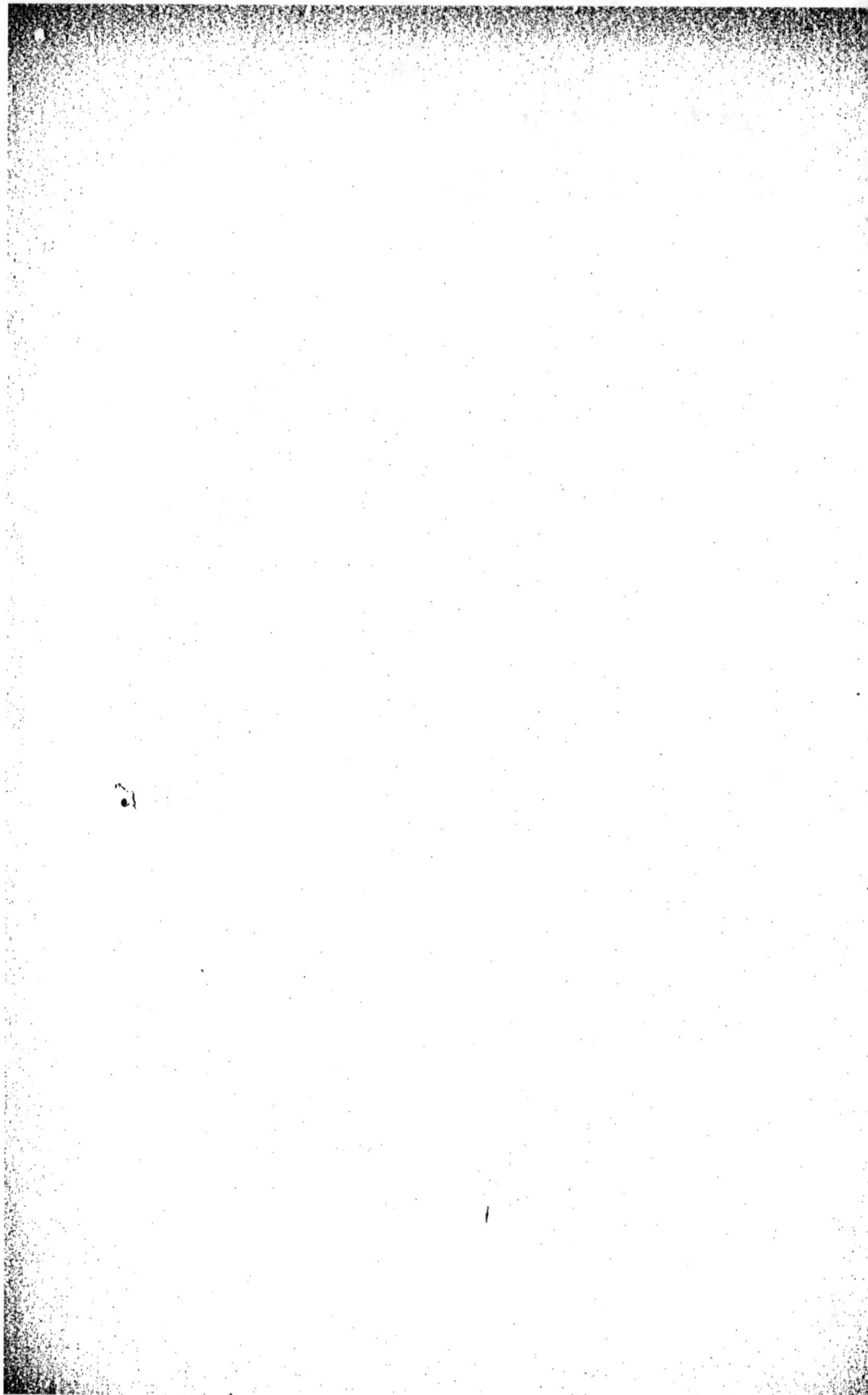

A LA MÉMOIRE DE MA SŒUR

A MON PÈRE, A MA MÈRE

A MES SŒURS

MEIS ET AMICIS

A MES MAITRES LES Drs DAYOT ET BERTHEUX

de l'école de Rennes

A MON MAITRE LE Dr LEGRAIN

Médecin en chef des asiles d'aliénés de la Seine
Membre du Conseil supérieur de l'assistance publique

A MON MAITRE LE Dr RÉCAMIER

Chirurgien en chef de l'hopital Saint-Michel

A MON PRÉSIDENT DE THÈSE
Monsieur le Professeur GILBERT BALLET
Professeur de clinique des maladies mentales à la Faculté
de Médecine
Médecin des Hôpitaux et de l'asile clinique
Membre de l'Académie de Médecine

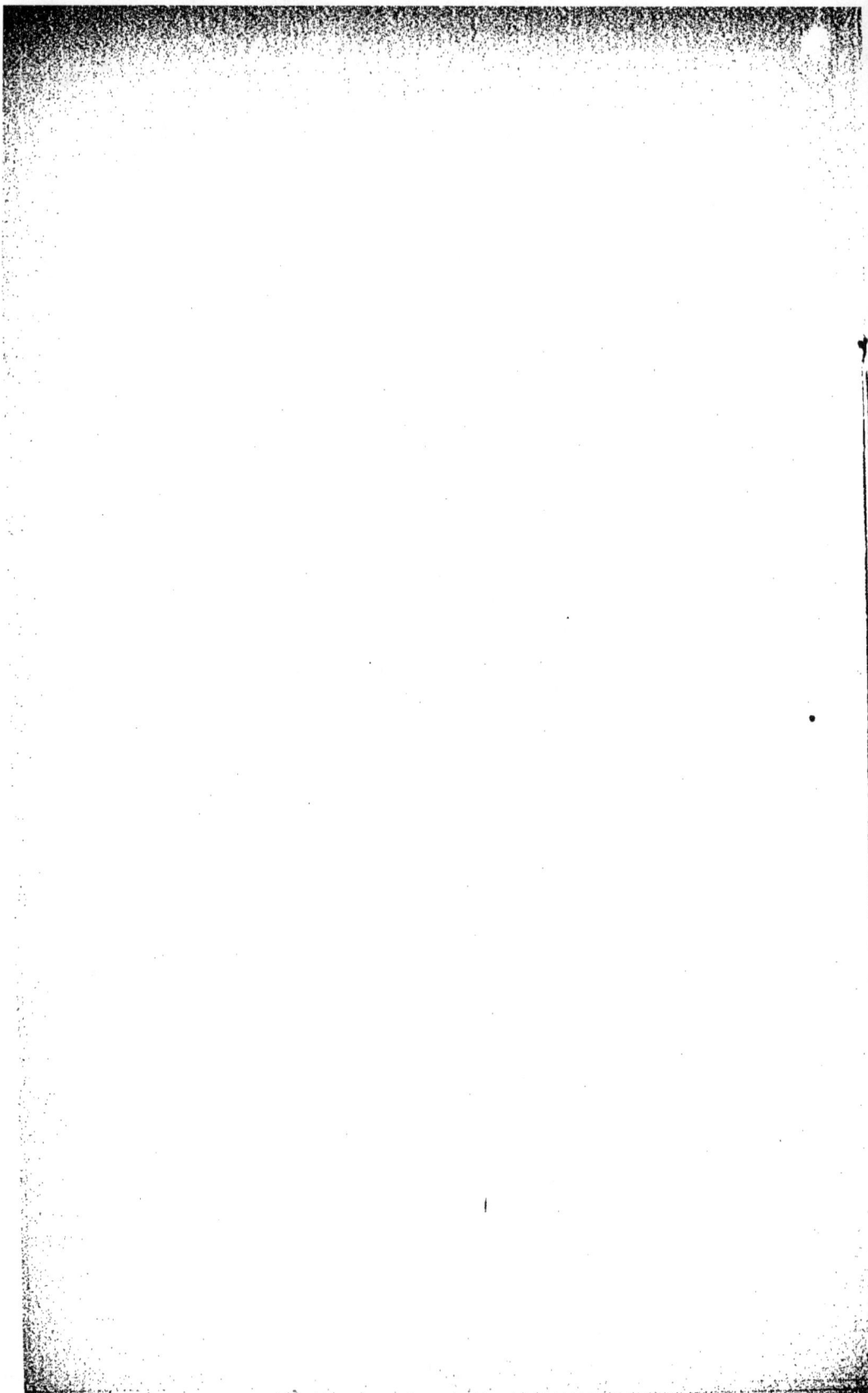

Introduction

Durant le séjour que nous fîmes dans les différents services de l'Asile de Villejuif, en qualité d'interne suppléant, nous avons été frappé du nombre d'*entrants* qui acceptaient sans récriminations leur nouvelle condition, soit qu'ils n'en fussent pas pleinement conscients, soit au contraire qu'ils en eussent une notion très exacte. Mêlés à leurs compagnons dangereux ou protestataires plus ou moins persécutés, ces malheureux donnaient une note tellement contrastante qu'il était impossible de ne pas s'étonner de leur présence en pareil milieu. Nul d'entre eux à se plaindre d'*internement abusif*, et, pour certains même on sentait, quand ils ne l'avouaient, que, si la demande de placement avait été faite par l'un des leurs, ils s'y étaient eux-mêmes prêtés de bonne grâce, et qu'ils avaient été parfois dans leur famille les instigateurs de cette idée, au point que si la loi le leur avait permis, ils seraient venus, sans aucun doute, à l'asile de leur propre gré.

Or ces conscients ou semi-conscients non protestataires qui ne doivent faire le plus souvent qu'une apparition à la maison d'aliénés, et qui, pour beaucoup, reprendront un jour leur place dans une société où aucun grief ne pourra être porté contre eux, ne demandant alors qu'à y jouer consciencieusement leur rôle, sont soumis aux mêmes règles que tous les malades d'asile, indistinctement ; la loi n'est pas moins draconienne pour eux que pour les autres. Pourtant ils méritent des soins au même titre qu'un malade quelconque dont on ne songe à exiger aucune formalité, car ils sont bien, eux aussi des *malades d'hôpitaux* ; mais la vieille loi monarchique de 1838 sous la férule de laquelle sont encore placés nos établissements d'aliénés, reste muette à leur égard.

Nous avons eu la curiosité de suivre quelques-uns de nos *anciens* malades après leur guérison (on guérit parfois, même dans les asiles); ce nous fut une grande peine que d'être obligé de constater dans quelle déchéance sociale ces malheureux se trouvent toujours du fait de leur internement antérieur ; il leur est impossible d'obtenir un emploi dans leur pays autrement qu'à titre charitable, et ils doivent pour la plupart s'expatrier s'ils veulent un travail suffisamment rémunérateur et répondant à leur activité ; ils sont devenus des « *tarés* » que la société ne reconnaît plus parmi les siens et qu'elle place au rang des criminels de droit commun.

Mais les amateurs de formalisme qui sont légion ne se tiennent pas encore pour satisfaits, et, par la nouvelle proposition de loi adoptée à la Chambre et actuellement en discussion au Sénat, ils augmentent avec sérénité, en même temps que la qualité des mesures vexatoires, le nombre des victimes : il ne sera plus dès lors nécessaire qu'un malade entre à l'Asile pour devenir l'objet de la suspicion publique ; le fait de souffrir d'une affection mentale, en le plaçant malgré lui sous la protection de la loi, lui imposera la surveillance des représentants de celle-ci, dont les bureaux sont trop souvent des offices d'indiscrétion ; le malheureux n'aura plus le droit de recevoir des soins sous le discret abri de sa propre demeure sans que tout le pays soit bientôt au courant de son infortune. Bien plus : qu'il plaise à sa famille de chercher à l'étranger une hospitalité qu'elle supposera plus sûre parce que plus lointaine, elle verra encore à ses trousses l'implacable homme de loi brandissant vers elle un code menaçant.

Ces injustices intolérables dans un Etat qui se flatte de tenir la tête des nations « *civilisées* », ne sauraient être admises alors que le remède est indiqué de toutes parts, que l'exemple est déjà donné à l'étranger et que des voix autorisées élèvent chaque jour leur protestation.

Nous étudierons ici tout d'abord la situation créée, du fait des formalités exigées par la loi de 1838, aux malades atteints d'affection mentale, situation qui, si elle est admissible pour ceux qu'on peut ou doit assister de force, devient profondément regrettable pour les autres. Nous ferons ensuite, toujours au même point de vue, l'exposé et la critique du projet de loi nouveau. Nous verrons enfin quelles réformes on est en droit d'attendre, fondées sur une conception moins administrative et plus clinique du psychopathe.

———

PREMIÈRE PARTIE

La loi de 1838 et la situation actuelle

CHAPITRE I

Les articles de la loi

Les articles : 8, 1o, 11 et 12 de la loi du 3o juin 1838 énumèrent la série des formalités exigées des malades lors de leur entrée à l'asile. Il n'est pas inutile d'en rappeler ici les textes ; nous ne reproduirons que les paragraphes ayant trait à la question qui nous intéresse, celle des formalités.

Article 8. — Les chefs ou préposés responsables des établissements publics, et les directeurs des établissements privés et consacrés aux aliénés, ne pourront recevoir une personne atteinte d'aliénation mentale, s'il ne leur est remis :

1o une demande d'admission contenant les noms, profession, âge et domicile, tant de la personne qui la formera que de celle dont le placement sera réclamé, et l'indication du degré de parenté, ou à défaut, de la nature des relations qui existent entre elles...

2° un certificat de médecin constatant l'état mental de la personne à placer, et indiquant les particularités de sa maladie et la nécessité de faire traiter la personne désignée dans un établissement d'aliénés, et de l'y tenir enfermée...

3° le passeport ou toute autre pièce propre à constater l'individualité de la personne à placer.

Il sera fait mention de toutes les pièces produites dans un bulletin d'entrée, qui sera envoyé, dans les vingt-quatre heures, avec un certificat du médecin de l'établissement et la copie de celui ci-dessus mentionné, au préfet de police à Paris, au préfet ou au sous-préfet dans les communes, chefs-lieux de département ou d'arrondissement, et aux maires dans les autres communes. Le sous-préfet, ou le maire, en fera immédiatement l'envoi au préfet.

Article 10. — Dans le même délai (c'est le délai fixé par l'article 9 : dans les trois jours de la réception du bulletin), le préfet notifiera administrativement les noms, profession et domicile, tant de la personne placée que de celle qui aura demandé le placement, et les causes du placement :

1° au procureur du roi de l'arrondissement du domicile de la personne placée ;

2° au procureur du roi de l'arrondissement de la situation de l'établissement ; ces dispositions seront communes aux établissements publics ou privés.

Article 11. — Quinze jours après le placement d'une personne dans un établissement public ou privé, il sera adressé au préfet, conformément au dernier paragraphe de l'article 8, un nouveau certificat du médecin de l'établissement ; ce certificat confirmera ou rectifiera, s'il y a lieu, les observations contenues dans le premier certificat, en indiquant le retour plus ou moins fréquent des accès ou des actes de démence.

Article 12. — Il y aura, dans chaque établissement, un régistre coté et paragraphé par le maire, sur lequel seront immédiatement inscrits les noms, profession, âge et domicile des personnes placées dans les établissements,... la date de leur placement, les noms, profession et demeure de la personne parente ou non parente, qui l'aura demandé. Seront également transcrits sur ce régistre : 1° le certificat du médecin joint à la demande d'admission ; 2° ceux que le médecin de l'établissement devra adresser à l'autorité, conformément à l'article 8 et 11... Ce registre sera soumis aux personnes qui, d'après l'article 4, auront le droit de visiter l'établissement, lorsqu'elles se présenteront pour en faire la visite ; etc...

(Ces personnes sont : le préfet et les personnes spécialement déléguées à cet effet par lui ou le Ministre de l'Intérieur, le président du tribunal, le procureur de la République, le juge de paix, le maire de la commune).

Les formalités exigées à la sortie sont notifiées par l'article 15 de la loi :

Article 15. — Dans les vingt-quatre heures de la sortie, les chefs, préposés ou directeurs, en donneront avis aux fonctionnaires désignés dans le dernier paragraphe de l'article 8, et leur feront connaître le nom et la résidence des personnes qui auront retiré le malade, son état mental au moment de sa sortie, et, autant que possible, l'indication du lieu où il aura été conduit.

CHAPITRE II

La situation créée par la loi de 1838

Connaissant l'influence de la malignité publique, en province surtout, il n'est pas malaisé d'imaginer les effets de la loi ; mais tout ce qu'on peut supposer, trop souvent, n'atteint pas la réalité.

Il est indéniable que le placement à l'Asile, qui ne devrait avoir rien de commun avec l'internement, est aujourd'hui encore une mesure à laquelle on donne tous les caractères d'une peine, et le D' Toulouse a parfaitement raison lorsqu'il compare le régime des aliénés à celui des filles publiques : « l'individu présumé insensé, écrit-il, est livré à l'autorité administrative, soumis à l'examen des médecins, et, dans le huis-clos, sans avocat, sans conseil, il est maintenu de force dans un établissement ».

A dater de cet instant, les portes bien closes, commence la sarabande des formalités administratives. Dans les vingt-quatre heures le directeur, se conformant aux instructions de l'article 8, envoie notification du placement au préfet de Police à Paris, ou au préfet, sous-préfet, maire selon le lieu de résidence du malade. Dans les trois jours, conformément aux exigences de l'article 9, le préfet lui-même s'empresse d'informer deux procureurs de la République : celui de l'arrondissement où est situé l'établissement et celui de l'arrondissement du malade.

Les indiscrétions. — Voilà donc dès le début, en dehors de l'Asile, quatre personnes au courant : le maire, le préfet et les deux procureurs ; sans compter bien entendu les inspecteurs généraux, les délégués du préfet, ceux du ministre de l'intérieur, le président du tribunal, le juge de paix et le maire de l'arrondissement dans lequel est situé l'établissement ; en un mot tous les fonctionnaires auxquels l'article 4 demande le visa des registres et qui, dans la suite, progressivement, viendront augmenter le nombre des initiés. On nous concèdera qu'ils sont beaucoup, et il nous semble qu'on pourrait au moins se passer du procureur de la république du domicile ; nous ne voyons aucune nécessité, et nous trouvons par contre de notables inconvénients à l'avertissement de ce dernier fonctionnaire.

L'indiscrétion étant au nombre des péchés humains, plus il y aura de gens dans le secret, plus on sera en droit de la redouter, et dans le cas particulier: plus le rayon des fonctionnaires avisés se rapprochera du lieu d'habitation de l'interné (nous allions dire : de la victime), plus les fuites se multiplieront et s'aggraveront. Or nous craignons beaucoup le cabinet du procureur.

Ce que dit sur ce point le professeur Gilbert Ballet dans sa communication à l'Académie au sujet du projet

CALOT   2

de loi en discussion devant le Sénat, reste encore profondément juste alors même que l'on n'envisage que la loi de 1838, car le nouveau projet n'y change rien ; choisissant l'exemple d'un malade qu'il prend à son arrivée à l'Asile, il s'exprime ainsi ; « ... Suivez notre mélancolique : ... pour ne pas compromettre son avenir, sa famille décide de le conduire dans une maison de santé éloignée de son arrondissement ; vaine précaution : le procureur de la petite ville est avisé sans délai par son collègue. Certes, il est respectueux du secret professionnel ! mais, dans les cabinets des procureurs de province, comme dans ceux des juges d'instruction de Paris, il y a des *fissures*, et toute la sous-préfecture ne tarde pas à savoir que notre malade est à Paris, à Lyon, à Bordeaux, dans une maison de santé, etc... » Ce qui est vrai pour la maison de santé ne l'est pas moins quand il s'agit de l'Asile.

Les « *fissures* » ne sont d'ailleurs pas l'apanage des seuls cabinets de procureurs, et, avec le professeur Rémond (de Metz) qui, lui aussi, s'est élevé contre les conceptions formalistes de nos législateurs, nous déplorons ces « coutumes locales qui se sont créées dans les préfectures et qui font que, quelquefois, la loi de 1838 est interprétée au gré des chefs de division dans les attributions de qui son application rentre. » Le préfet qui trop souvent n'a pas le temps de tout voir par lui-même, délègue sa signature à l'un de ses subordonnés qui, pour une raison ou pour une autre, renvoie la pièce à un subalterne quelconque, et c'est ainsi que traîne à travers les bureaux le bulletin d'entrée portant mention de tous les renseignements nécessaires pour fixer immédiatement les idées des moins avertis sur la situation exacte du malheureux atteint d'affection mentale ; nous sommes alors en plein « *secret de polichinelle* », selon l'expression du professeur Rémond.

La « tare » de l'Asile. — Il n'en faut pas plus pour constituer « *la tare* », et le malade pourra désormais guérir du mal qui détermina son admission à l'Asile, jamais il ne se débarrassera de celui que les exigences de la loi lui y auront fait contracter à son arrivée ; et si, par un miracle inespéré, il parvenait à s'en dégager, nous doutons fort qu'il puisse échapper aux formalités de la sortie qui le guettent sous la forme un peu amphigourique de l'article 15 de la loi : car le directeur, sans perdre de temps (on ne lui donne encore que vingt-quatre heures), va faire connaître au préfet de police à Paris, au préfet, au sous-préfet ou au maire de la résidence du malade, non seulement la libération de celui-ci, ce qui présente sans contredit quelque intérêt administratif, mais encore, acte d'autant plus grave qu'inutile, le nom et la résidence des personnes qui ont retiré le malade, son état mental au moment de sa sortie et « *autant que possible* » l'indication du lieu où on l'aura conduit, toutes choses dont le premier employé venu peut prendre dès lors connaissance et qu'il colportera à son gré avec l'autorité que confère à ses assertions l'origine précise qu'on leur sait. Grâce à l'article 15 l'ancien malade, revenu à la vie normale, aura à la Préfecture sa fiche soigneusement classée qui, nous aimons à le supposer, ne servira pas lors de demandes officielles de renseignements, mais pourra à l'occasion être utilisée contre lui confidentiellement.

Les hésitations des familles et les retards de traitement qui en résultent. — Les conséquences de cet état de choses n'intéressent pas que la dignité et la réputation d'hommes frappés d'un mal parfois transitoire et intermittent ; il leur arrive souvent de compromettre gravement le traitement d'affections qu'il est urgent de soigner dès leur début, si un résultat durable veut être obtenu. Les médecins aliénistes savent en effet tout le bénéfice qu'on peut espérer d'une assistance immédiate : « quand elle peut être réalisée, écrit le Dr Sérieux, la moitié des malades peuvent être mis en liberté après six à huit semaines de traitement. »

Or combien de fois, en présence du maquis des formalités, les familles, avant de se décider à subir leur rigueur plutôt que de ne pas tenter la guérison par l'Asile, reculent et, longtemps, demeurent dans l'indécision. Lorsque, effrayées des progrès de la maladie, elles prennent enfin leur parti de tout accepter, il peut être trop tard, et ici apparaît encore avec éclat le vice de cette loi qui, bien loin de se faire maternelle et douce, se dresse tellement rigoureuse qu'elle éloigne des lieux où des soins éclairés leur pourraient être distribués, les malheureux qu'elle prétend protéger.

Le Dr Lucien Lagriffe qui, ardemment, plaide en fa-

veur de l'institution du traitement précoce, dit à ce sujet : « Moins on prescrira de formalités pour le placement
de ces malades dans le seul endroit qui leur convienne,
plus tôt et plus facilement ces malades guériront » ; et il
ajoute : « qu'à l'égard de ceux qui compromettent l'ordre
public et la sûreté des personnes, il soit pris des mesures
administratives de conservation, fort bien.... Mais si,
pour traiter une maladie du cerveau, il faut nécessaire-
ment mettre en mouvement tribunal, parquet, police ou
administration préfectorale, on aura beau jeu de se gaus-
ser de notre formalisme et l'on aura toutes les raisons du
monde pour nous demander pourquoi nous n'agissons
pas de même pour les maladies du foie, des reins, du
cœur et de la moelle. »

CHAPITRE III

Le placement « volontaire » dans la loi actuelle

Il est un dernier point de la loi de 1838 sur lequel nous ne pouvons faire silence, car on a dit très justement « qu'elle n'admet pas qu'un aliéné puisse se reconnaître comme tel et demander lui-même son placement (1) ».

Au sens que lui donne le législateur le terme de « placement volontaire » est donc faussé ; il n'existe pas en réalité de placement volontaire, et nul ne peut prendre lui-même la décision de se présenter à l'Asile et d'y demander son admission. Il n'est pourtant pas niable qu'il existe des formes d'aliénation coexistant avec une parfaite lucidité ; nous connaissons bon nombre de tels malades, et une dipsomane, pour ne citer qu'un cas entre cent, réclamait son placement et se faisait accompagner par un parent afin de se garder contre ses fatales impulsions.

Le cas est fréquent chez les intoxiqués, les morphinomanes, les cocaïnomanes, etc. ; on le retrouve chez les

(1) D' Toulouse. — Doit-on interner les aliénés. — (Revue de psychiatrie — 1901).

malades qui s'observent, connaissent leur mal et prévoient un nouvel accès ; chez tant d'autres enfin qui ont réellement conscience de leurs obsessions. Le Dr Toulouse cite le cas de sujets qui venaient demander eux-mêmes leur admission dans son service : « Mais la loi est formelle, écrit-il, et les directeurs des établissements ne peuvent, hors des cas d'urgence, les accepter. Les malades sont alors obligés d'aller chercher un parent, un ami, un étranger même, qui veuille bien venir demander leur internement. Les débitants de boissons, dont les boutiques sont aux alentours des asiles, remplissent souvent, moyennant pourboire, les fonctions légales du placeur d'aliénés. »

Cette situation qui, en mettant sous tutelle des individus lucides, peut leur causer un véritable préjudice, ne se perpétuera sans doute pas. En étudiant les réformes actuellement en projet et relatives aux différentes formalités que nous venons de critiquer, nous allons voir quelle solution plus équitable, malgré tout, a été donnée à cette question des placements volontaires.

DEUXIÈME PARTIE

La Réforme de la loi de 1838 à la Chambre et au Sénat

CHAPITRE I

Historique

On serait mal venu de se plaindre que les projets de réforme de la loi de 1838 et les rapports qui les concernent fassent défaut ; tant à la Chambre qu'au Sénat, on ne manqua pas de s'en soucier ; le seul reproche qu'on soit en droit d'adresser aux deux Assemblées, c'est que leur bonne volonté est vraiment trop intermittente, et nous ne résistons pas au désir de retracer ici les grandes lignes de l'odyssée des textes malheureux qui y ont connu, les uns après les autres, les honneurs de la tribune.

Le 25 novembre 1882 M. Constans, ministre de l'intérieur, déposait un projet de loi au Sénat. Le 20 mai 1884

Théophile Roussel déposait son rapport sur le bureau de la même assemblée dont les membres prirent le temps nécessaire à la réflexion puisque c'est seulement trente mois après, le 14 décembre 1886, qu'il fut question d'en discuter les conclusions ; le débat occupa dix-sept séances, il se terminait par l'adoption le 11 mars 1887.

A la Chambre des députés, le 24 juin 1887, M. Fallières, alors ministre de l'intérieur réclamait et obtenait l'urgence sur le projet de loi. Le Dr Bourneville, rapporteur de la Commission, déposait son rapport le 12 juillet 1889 ; mais la discussion n'eut pas lieu et l'oubli se faisait déjà lorsque le 3 décembre 1890 M. Joseph Reinach, s'inspirant du vote du Sénat, présentait à la Chambre l'exposé des motifs et d'un texte de proposition de loi. Ce fut le réveil : la proposition était sommairement rapportée par M. Montant le 19 février 1891, prise en considération le 23 février suivant et rapportée de nouveau par M. Ernest Lafont le 21 décembre de la même année. Finalement, cédant à la fatigue d'un tel effort et pour ne pas changer les habitudes, la Chambre ne crut pas utile de statuer et le sommeil se fit sans discussion.

Cependant, le 21 novembre 1893, après un repos de près de trois ans, MM. Joseph Reinach et Lafont avaient le louable courage de revenir à la charge. Ce dernier, le 14 décembre, déposait un nouveau rapport et, sans se lasser des insuccès, il en présentait encore un autre sur la même proposition le 19 février 1894. Le 19 juin de la même année paraissait le décret de nomination de M. Mo-

nod, directeur de l'Assistance et de l'Hygiène publiques,
comme commissaire du gouvernement, chargé de la défense du projet. Le Conseil Supérieur de l'Assistance publique fut consulté (on n'y avait pas encore songé jusqu'alors) et enfin M. Dubief, qui devait avoir plus de
chance que ses prédécesseurs, provoquait de nouveau
par son rapport la discussion sur le projet de loi qu'il
présentait le 27 novembre 1896.

Après des péripéties qu'il serait fastidieux de relater
ici, ce même projet de loi, enfin adopté par la Chambre
qui le transmettait au Sénat le 29 janvier 1907, a fait,
après remaniement, sa réapparition à la tribune où M.
Paul Strauss développa son « rapport fait au nom de la
Commission chargée d'examiner la proposition de loi
adoptée par la Chambre des députés, relative au régime
des aliénés » et soutint la discussion en première délibération durant les séances des 2, 12, 19 et 23 décembre
1913.

La Commission du Sénat ne semble guère avoir tenu
compte du vœu que lui transmettaient les membres du
« XIIIᵉ Congrès des aliénistes et neurologistes de France
et des pays de langue française » réunis au Puy en août
1913, lui demandant de ne rien discuter qu'après une en-
quête technique suffisante. Le législateur d'aujourd'hui
diffère peu de celui de 1838 ; il a plus le souci de trans-
former les asiles et maisons de santé en des sortes de prisons que de se préoccuper de l'intérêt des malades, et, ce
faisant, ces textes, malgré leur estampille républicaine,

sont tout aussi antidémocratiques que ceux du législateur monarchiste. Le 6 mai 1913, de la tribune de l'Académie, le professeur Gilbert Ballet avait lancé cet avertissement : « que le Sénat y prenne garde, la loi qu'on lui propose ne rajeunira pas l'ancienne ; comme on l'a dit, *elle la vieillera*. Ce ne sera pas une loi de progrès, mais une loi de recul. Ce ne sera pas une loi médicale, mais une loi policière. Ce sera par surcroît une loi antidémocratique, car les riches trouveront peut-être le moyen d'échapper à certaines de ses rigueurs, les pauvres non ».

Voyons comment la Commission du Sénat, et le Sénat lui-même en sa première délibération, l'ont entendu.

CHAPITRE II

Le projet de loi et les malades des asiles

LE PLACEMENT VOLONTAIRE. — En toute justice, il nous faut d'abord rendre hommage à la grande innovation du projet rapporté par M. Strauss ; elle est contenue dans *l'article 6* dont voici le texte :

Les malades atteints d'affections mentales, sont admis dans les établissements publics ou privés pour y être soignés et gardés ;

soit sur la demande d'une personne appartenant à leur famille ou la remplaçant, c'est le placement demandé ;

soit sur l'intervention de l'autorité administrative ou judiciaire, c'est le placement ordonné ;

soit sur leur propre demande, lorsqu'ils sont majeurs ; s'ils sont mineurs, l'autorisation des parents ou du tuteur est nécessaire, c'est le placement volontaire.

La loi de 1838 ne reconnaît que deux formes de placement : le placement d'office, à la requête de l'autorité, et le placement dit « *volontaire* » qui, nous l'avons montré, ne répond nullement à sa dénomination puisqu'il

est seulement obtenu sur la demande d'un tiers. Le projet
d'aujourd'hui s'inspire du haut sentiment de justice
auquel obéissait dès 1884 le docteur Blanche, lorsqu'il
demandait à l'Académie de médecine : « qu'il fût inséré
dans la loi une clause spéciale pour le cas, qui n'est pas
extrêmement rare, d'un malade venant de lui-même et
sans être accompagné d'un parent ou d'un ami, demander à être admis dans l'Asile, parce qu'il sent que sa raison
se trouble, qu'il n'est pas complètement maître de lui, et
qu'il a besoin de protection et de surveillance contre ses
impulsions délirantes », et en établissant les trois formes
nouvelles : le placement d'office ou ordonné ; le placement demandé (c'est le *volontaire* » de la loi de 1838),
et le placement volontaire ou sollicité, la commission
du Sénat répond aux desiderata de la grande majorité
des aliénistes. Si la loi proposée est un jour appliquée, ce
dont nous ne désespérons pas absolument, le spectacle
sera moins fréquent de ces malades réduits à commettre
des délits pour se faire admettre dans un Asile, et elle
nous dotera enfin d'un placement qui n'aura pas de volontaire que le nom.

Malheureusement le projet de loi, si critiquable déjà
à tant d'autres points de vue, reste imparfait jusque dans
son meilleur effort, et il a fallu que le souffle de libéralisme dont naquit l'article 6 fût bientôt arrêté par ce souci de formalisme que nous voyons sournoisement repa-
raître au dernier paragraphe de l'article 9 ; celui-ci en
effet nous satisfait d'abord en déclarant :

Le placement volontaire, qui est demandé par le malade lui-même, n'est soumis à aucune formalité quand le malade est majeur. La demande seule suffit, alors même qu'elle serait verbale ; mais si elle n'est accompagnée d'aucune pièce de nature à constater l'identité du malade, le directeur responsable devra faire constater cette identité le plus tôt possible.., Les malades atteints de crises convulsives ou d'intoxication chronique, peuvent également être admis sur leur seule demande, etc...

En vérité, il n'y a là rien que de très raisonnable, et à la lecture de ce texte nous applaudissons d'autant plus volontiers qu'on ne nous a guère habitués à des conceptions aussi généreuses et aussi justes ; méfions-nous cependant, car voici le dernier paragraphe de l'article (in cauda venenum) :

Avis du placement volontaire est néanmoins donné au préfet et au procureur de la République.

C'est tout ; il n'a l'air de rien, ce paragraphe ; en réalité, il est déplorable car à lui seul il fait beaucoup de mal.

Ainsi au psychopathe qui se présente de lui-même à l'Asile pour y recevoir des soins, on va dire : « Entrez, ne craignez rien, vous êtes ici chez vous et, puisque vous êtes malade, on vous y soignera tout comme à l'hôpital, sans autre forme de procès. » — « Mais, objectera notre homme, n'existe-t-il pas quelques formalités gênantes ? » — « Autrefois, oui, cela était, lui répondra-t-on, mais il y a belle lurette que nous avons changé tout cela; voyez plutôt l'article 9 ». Nous lui donnerons le conseil, pour notre part, de le lire jusqu'au bout.

Nous n'y insistons pas, la contradiction dans le texte est trop flagrante. M. Strauss l'a d'ailleurs bien senti, son « *néanmoins* » en est une preuve, et c'est aussi avec une nuance de regret qu'il dit dans son rapport : « Avis est donné de ce placement au préfet et au procureur de la République, mais il n'y a pas lieu d'aller au delà et d'exposer les malades à des indiscrétions fâcheuses qui ne tarderaient pas à les éloigner de cet établissement » ; pourquoi donc encore le procureur en cette affaire ? l'avertit-on chaque fois qu'un malade entre à l'hôpital ? ou bien ayez le courage d'avouer une fois pour toutes que jamais vous ne considérerez un psychopathe comme un malade ordinaire ; nous saurons alors à quoi nous en tenir sur la valeur de vos réformes que pourtant nous voudrions tant prendre au sérieux.

L'aggravation de la situation actuelle et le souci de l'opinion publique. — On parle beaucoup de « la tare » de l'Asile, et nous avons exposé précédemment qu'elle n'est pas un vain mot ; il semble donc que dans un projet réformateur de la loi de 1838 le législateur ait dû particulièrement s'en préoccuper, qu'il ait dû se soucier avant tout de tenter, par des mesures appropriées, de la faire disparaître ; persévérer en de semblables suppositions serait s'illusionner gravement ; en ceci comme en bien d'autres points il n'a rien fait ; non seulement il n'a rien fait, mais il a même assumé la lourde responsabilité de rendre « *la tare* » plus obsédante, plus vivante que jamais par l'aggravation des mesures vexatoires.

Le Sénat, sa Commission, son rapporteur ont été dominés par la crainte des internements abusifs; celle-ci dirigeait les débats, comme elle soufflait la rédaction des articles de loi et du rapport ; elle se faisait par instants si pressante que sa voix seule était entendue; c'est qu'on la savait l'émanation, la déléguée de l'opinion publique, puissance rarement lucide, trop souvent aveugle. Le rapporteur, plus que tout autre, a bien compris qu'il eût fallu se dégager de cette étreinte ; écoutons-le dans son rapport : « La première préoccupation des divers auteurs de projets de révision de la loi de 1838 a été de mieux protéger la liberté individuelle contre des abus que l'opinion redoute toujours d'instinct, bien que leur réalité n'ait pas été souvent démontrée. Les souvenirs d'un passé barbare survivent en dépit de tous les progrès récemment réalisés. Avant le glorieux Pinel, l'hospitalisation des aliénés était un spectacle d'horreur et comme un défi à l'humanité. Il semble que les répugnances d'antan, si justifiées à l'époque, aient survécu aux améliorations effectuées en grande partie par la loi de 1838. A l'heure actuelle... le souvenir subsiste des cachots et des chaînes de l'ancien régime. » M. Strauss veut qu'on le sache averti, et qui plus est, veut avertir ; nous tirons la conclusion des lignes précédentes : *l'opinion publique est encore faussée, comme en 1838, ne nous laissons pas entraîner par elle.* Si donc la commission a subi de fata-

les suggestions, si le Sénat y obéit après elle, l'excuse
d'avoir agi inconsciemment ne saurait leur être accordée.

D'ailleurs des avis autorisés leur sont venus de toutes
parts ; le professeur Gilbert Ballet ne disait-il pas à l'Académie : « Les médecins savent qu'on prête souvent à l'o-
pinion des soucis qu'elle n'a pas, que d'ailleurs elle est
singulièrement variable, qu'elle est à la merci d'un fait
divers, plus ou moins bien rapporté par la presse qui se
pique plus de célérité que d'exactitude, que, suivant les
incidents du jour, elle est pusillanime ou féroce, que
tantôt elle s'exalte pour la liberté individuelle, tantôt
pour la sécurité sociale. Qu'on arrive à l'émouvoir en agi-
tant devant elle le spectre, d'ailleurs illusoire comme le
sont d'ordinaire tous les spectres, des séquestrations arbitraires, ce n'est pas impossible, mais le Sénat aurait
peut-être tort de perdre de vue que si les mesures que
sa Commission propose étaient adoptées, l'opinion, mua-
ble de nature, pourrait bien faire volte-face et s'élever,
avec une indignation qu'on ne pourrait pas ne pas trouver légitime, contre des dispositions vexatoires et inhu-
maines... » Au reste, l'opinion publique tourne dans un
véritable cercle vicieux ; elle réclame, par exemple, à
grands cris l'intervention judiciaire et considère en même
temps comme déshonorant l'internement qui résulte justement de cette intervention.

Au Sénat, cette attitude qui consiste à s'abriter derrière
la soi-disant opinion publique, à la laisser aller devant
sans jamais la dépasser et à se river des chaînes volon-

tairement tout en se disant désolé de n'en pouvoir sortir, a pour résultat immédiat qu'à défaut de justice, pour
donner satisfaction, on fait du formalisme, et on en fait
à outrance.

Il suffit de lire au Journal Officiel du 13 décembre
1913 le vote sans discussion sérieuse de l'article le plus
important du projet, l'article 7, pour se rendre compte
que l'intérêt des malades et de leurs familles est un point
de vue délibérément mis de côté ; pas une voix ne s'élève dans l'Assemblée pour faire entendre la défense de
ceux qui sont visés, et le grand souci de M. le garde des
Sceaux, parlant au nom du Gouvernement, est d'« envisa-
ger le rôle des parquets » qui « auront à tenir des registres,.... à mentionner des certificats,... à constituer des
dossiers », et de se demander si le personnel actuel suf-
fira à ce travail ; on croirait, à l'entendre, que le projet
de loi est fait d'abord pour le personnel des bureaux, les
malades passeront ensuite s'il reste quelque loisir pour
s'en occuper ; M. le garde des Sceaux craint le surmenage pour ses employés, mais il ne se trouve de paternelle
sollicitude que pour eux ; l'opinion publique lui en sera
reconnaissante.

Quant à nous, en présence d'hommes qui parlent des
malheureux atteints d'affections mentales avec le parti-
pris continuel, bien qu'inavoué, d'y voir tout autre chose que des malades, nous suivrons le conseil du professeur Gilbert Ballet qui « aime mieux attribuer à l'ignorance des distinctions cliniques, excusable chez des légis-

lateurs, qu'à un manque d'humanité » la fausse conception que se font ceux-ci des malades souffrant de psychopathies.

L'article 7 du projet. — L'article 7 du projet de loi est
la conséquence de l'état d'esprit timoré et formaliste ré-
gnant au sein de la commission sénatoriale ; on y fait les
exigences de plus en plus draconiennes, et les innova-
tions s'arrangent à être aussi vexatoires que possible.

Sous le régime actuel de la loi de 1838 le bulletin d'entrée est envoyé dans les vingt-quatre heures avec les
deux certificats médicaux au préfet, au sous-préfet ou au
maire (article 8) ; puis, dans les trois jours, le préfet se
charge de notifier le placement aux deux procureurs (article 1o). On a jugé ces mesures encore insuffisantes, et
on estime qu'on ne met pas assez de célérité dans l'avertissement aux procureurs ; il a été révélé à M. Dubief,
rapporteur du projet à la Chambre des députés, qu'il
est ainsi trop aisé « d'enlever un malade sans même que
la famille le sache ». On a donc cherché une «*amélioration* » à cet état de choses, et on a trouvé ce qui suit :

Article 7 (concernant le placement sur demande) :

... Dans les vingt-quatre heures qui suivent l'entrée du malade, le médecin directeur ou le directeur, s'il s'agit d'un
établissement privé, en avise :

1o Le préfet du département ;

2o Le procureur de la République dans le ressort duquel
l'établissement est situé ;

3o Le procureur de la République dans le ressort duquel

se trouve le domicile du malade, si ce domicile et celui de
de l'établissement n'appartiennent pas au même ressort judiciaire.

Que penseront après cela les ravisseurs de malades
qui, par surcroît, sont le cauchemar de M. Dubief ? Nous
supposons qu'ils en demeureront confondus, et nous doutons que beaucoup de gens acceptent désormais d'embras-
ser une profession rendue si difficile ; il est vrai que
l'imagination du rapporteur de la Chambre leur décou-
vrira peut-être en compensation quelque domaine encore inexploré où ils puissent exercer leur activité.

Quoi qu'il en soit, voilà le délai de trois jours de la loi
de 1838 transformé en un délai de vingt-quatre heures
par le projet, et le directeur de l'Asile chargé du soin
d'avertir lui-même le procureur de la République, afin
que soit marquée l'importance que le législateur attache
à cette formalité, et aussi sans doute pour décharger
d'autant le préfet auquel incombait jusqu'à présent cette
besogne.

Mais ce n'est pas assez : il faut que dans le même article nous retrouvions encore cette crainte d'enlèvement des
malades, de leur cambriolage, pourrait-on presque dire,
qui hante le rapporteur de la Chambre. Il s'agit cette fois
du certificat médical de placement ; la loi de 1838 le demandait à l'entrée, mais ne parlait de légalisation de la
signature du médecin que si celle-ci était inconnue du
directeur de l'établissement ; l'article 7 du projet est
plus exigeant :

Ce certificat doit être sauf urgence visé par le maire, le juge de paix ou le commissaire de police.

Ce qui, jusqu'ici, était resté facultatif ou tout au moins, inhabituel, devient donc obligatoire et, de par la loi, un fonctionnaire va connaître exactement la pénible situation créée par la maladie à l'un de ses administrés ; comme le fait remarquer le professeur Gilbert Ballet : «... Si cela se passe dans une grande ville, ce ne sera pas très grave, mais si c'est à Landerneau ? », et il ajoute « pourquoi exiger qu'un magistrat municipal soit d'emblée mis au courant d'une affection que ni le malade, ni la famille n'ont intérêt à rendre publique ? Afin, dit M. Dubief, de donner cette garantie première qu'il ne sera plus possible d'enlever un malade sans même que la famille le sache. — Grand merci pour la garantie première. »

En traitant des formalités de la loi de 1838 nous avons suffisamment insisté sur cette question des indiscrétions pour n'y plus revenir ici ; notons seulement qu'elle n'a pas échappé à M. Strauss ; nous lisons dans son rapport : « Il va de soi que ces notifications devront être faites à ces différents fonctionnaires sous le sceau du secret professionnel le plus absolu. Aux dangers d'une séquestration arbitraire, en somme assez rare, la moindre indiscrétion pourrait substituer, en effet, le *redoutable péril d'indiscrétions* qui, s'ajoutant aux tristesses d'une famille, ferait peser sur l'avenir d'un malade, peu après guéri, une lourde tare. » Ainsi, bien que dénonçant le danger des indiscrétions, on s'attache pourtant à en augmenter les causes.

L'article 4 renferme aussi, au dire de M. Paul Strauss « *une disposition d'une importance extrême* » que voici :

Quinze jours après l'entrée du malade, le directeur responsable de l'établissement public ou privé qui a reçu le malade doit adresser un nouveau certificat médical circonstancié au préfet et au procureur de la République. Le procureur de la République, qui a l'établissement dans son ressort, saisit le tribunal du placement provisoire dont il est avisé. Le tribunal saisi a seul qualité pour rendre le placement définitif : il prend à cet effet une décision en chambre du conseil et basée sur les certificats médicaux délivrés par le médecin de l'asile, au cours d'une période d'observation qui ne doit pas dépasser six mois.

C'est poser le principe de l'intervention judiciaire pour le placement définitif ; et « *définitif* », comme l'indique le professeur Gilbert Ballet, « est pris ici dans le sens d'*opposé à provisoire* et ne signifie pas, placement qui n'aura pas de terme. »

Si nous en croyons le rapporteur de la Commission sénatoriale, cette intervention judiciaire a été « impérieusement réclamée par l'opinion publique » ; car il faut bien encore en évoquer le spectre, à défaut de raison sérieuse. L'intervention serait donc aujourd'hui « unanimement acceptée », et M. Strauss, pour lancer une telle affirmation, s'appuie sur « les travaux préparatoires qui, dit-il, concordent sur ce point que les tribunaux ordinaires, gardiens de la liberté et de l'honneur des citoyens,

aient seuls qualité pour ordonner le placement d'un
malade dans un asile ». Nous sommes persuadé de la
conscience apportée par des « *législateurs* » au cours des
travaux préparatoires en question ; mais nous avons le
droit de dire qu'ils n'y ont guère fait preuve (et le pou-
vaient-ils ?) d'« *esprit médical* ». Nous n'ignorons certes
pas la présence au Sénat de nombreux médecins, mais
nous supposons : ou bien qu'ils se laissent dominer par
leur fonction, ou bien qu'ils ne possèdent pas (ce qui
n'est pas rare chez les non spécialisés) une conception
suffisamment exacte du psychopathe.

Toutefois, M. Strauss a tort de parler d'acceptation unanime en ce qui concerne son innovation ; il sait fort
bien que le corps médical est loin de lui apporter son
adhésion absolue ; le rapporteur ne disait-il pas au Sénat,
le 2 décembre 1913 : « Nous sommes en désaccord avec
un certain nombre d'aliénistes très compétents, très
dévoués, qui reviennent sur l'entente intervenue depuis
un grand nombre d'années. Ils se plaignent que la magistrature soit appelée à statuer, etc.. » Il est certain que
de toutes parts on a fait justement remarquer que si
l'intervention de la magistrature est nécessaire lorsqu'il
s'agit de criminels ou de protestataires, il n'en est plus
ainsi dès qu'on a affaire à des malades qui ne sont un
danger ni pour la Société, ni pour eux-mêmes, à des
« *malades d'hôpitaux* », en un mot, auxquels on a le
devoir de donner des soins et d'éviter d'inutiles vexations.

On s'est beaucoup élevé contre la limitation à six

mois de la période d'observation. A l'Académie de Médecine le professeur Gilbert Ballet a fait excellemment res-
sortir toute l'injustice d'une semblable méthode, contraire aux sentiments d'humanité les plus élémentaires.
Reprenant l'exemple de son mélancolique, il s'exprime
ainsi : « Notre mélancolique est dans l'établissement
depuis plus de cinq mois : le médecin, escomptant une
guérison, possible d'un moment à l'autre en pareil cas,
a sagement temporisé avant de requérir un placement
définitif. Mais le voilà acculé à le faire par la loi ; le malade guérira dans deux, trois mois : cela importe peu, le
tribunal intervient et consacre, par une décision judiciaire, la qualité, jusque-là provisoire, de notre malade
de pensionnaire *définitif* d'une maison de *fous*.

« Pour qui regardera les choses au point de vue pure-
ment juridique, l'inconvénient paraîtra mince. Mais,
pour qui sait les légitimes préventions des malades et de
leur famille, le souci qu'ils ont d'éviter la tare que comporte l'entrée dans une maison spéciale, dont la nature
implique, pour ceux qui s'y font admettre, une sorte
de déchéance et de déclassement définitif, il est aisé d'entrevoir tout ce qu'il y aura de blessant dans la formalité
judiciaire qui constituera une consécration officielle de
ce déclassement. Alors que les familles s'efforcent actuellement d'éviter les formalités relativement réduites de la
loi de 1838, à plus forte raison chercheront-el   à se sous-
traire à ce jugement humiliant qui, à quelques égards,
rappellera, ceux qui ouvrent l'en   de des prisons. »

On nous dira, sur ce dernier point, qu'on a pris des mesures pour que le jugement soit le moins humiliant possible ; c'est en chambre du Conseil qu'il sera rendu ; les malades ne comparaîtront pas devant leurs juges en présence des membres de leur famille signataires de la demande d'admission, ni des médecins auteurs des certificats. Cette mesure est peut-être de nature à empêcher des haines et des vengeances ultérieures ; elle ne fait rien pour diminuer aux yeux des malades, des siens et du public le sentiment de déchéance qui reste inséparable, malgré tout, d'une sanction de cette espèce.

Dans la défense du projet de loi qu'il présente devant le Sénat, au début de la discussion en première délibération, M. Strauss estime que la période de six mois, proposée pour le placement provisoire est très raisonnable, puisque, dit-il, « d'après une communication de M. Barthou, alors garde des Sceaux, cette solution est considérée par la chancellerie comme un minimum très acceptable donnant satisfaction aux *intérêts du service* en même temps qu'elle sauvegarde la liberté individuelle ». (On sait que les « *intérêts du service* » préoccupent avant tout les gardes des Sceaux). Le rapporteur de la Commission nous prouve son souci de faire passer « *l'avis de la chancellerie* » bien avant celui des « *aliénistes très compétents et très dévoués* », avec lesquels il se reconnaît en désaccord ; nous le regrettons profondément.

Quant aux deux statistiques qu'il croit devoir apporter, elles valent ce que valent trop souvent ce genre d'arguments, et il suffit d'y jeter un coup d'œil pour se convaincre qu'on peut aisément les utiliser contre lui. Elles concernent les malades dont les guérisons sont obtenues dans les Asiles durant les premiers mois de leur placement. L'une est empruntée au docteur Roubinovich, médecin en chef de Bicêtre, qui estime que les cas de psychoses toxi-infectieuses guérissent dans les proportions suivantes :

Pendant le premier mois........... 60 pour 100

Entre le deuxième et le sixième mois 40 pour 100

Du sixième mois à un an.......... 20 pour 100

Après deux ans .... 2 pour 100

20 pour 100 des guérisons entre le sixième et le douzième mois nous semble une proportion assez estimable pour qu'on doive encore en tenir compte, et la diminution du nombre des guéris considérés après le sixième mois n'est pas suffisante, d'après cette statistique, pour justifier le délai proposé par la Commission.

La seconde statistique est plus éloquente encore ; c'est celle des établissements du département de la Seine pour l'année 1911 ; elle indique :

16,84 p. 100 de guérisons en 1 mois et au-dessous.

20,62 p. 100 de guérisons de 2 mois à 3 mois.

11,80 p. 100 de guérisons de 3 mois à 4 mois.

10,34 p. 100 de guérisons de 4 mois à 5 mois.

12,46 p. 100 de guérisons de 5 mois à 9 mois.

12,45 p. 100 de guérisons à 9 mois.

Ici le nombre des guérisons ne se contente pas, comme

précédemment, de diminuer après le sixième mois, il présente au contraire cette particularité qu'il augmente entre le cinquième et le neuvième, et vraiment il y a quelque inconséquence à apporter pour la défense d'une thèse un fait qui plaide contre elle de si éclatante façon.

Nous avons terminé l'étude de l'article 7 du projet ; nous sommes fermement convaincu que s'il est définitivement adopté (et nous avons tout lieu de le craindre puisque déjà il est sorti victorieux de la première délibération du Sénat), il constituera dans la loi nouvelle un vice fondamental qui fera regretter la vieille loi de 1838, si imparfaite soit-elle.

Les cas où le projet supprime les formalités. — Dans deux cas, soigneusement déterminés, le projet de réforme de la loi de 1838 supprime toute formalité pour l'entrée à l'Asile ; il nous a paru intéressant d'indiquer ici ces exceptions.

L'article 18, relatif aux *sorties* et *congés d'essai*, déclare :

Pendant ces sorties d'essai, l'administration doit faire visiter les malades, chaque semaine, par un médecin chargé de constater leur état et les soins qu'ils reçoivent. En cas de rechute, ce médecin peut provoquer la réintégration du malade dans l'établissement où il était soigné, sans avoir besoin de recourir aux formalités ordinaires du placement.

L'article 20, qui traite des évasions nous dit :

Lorsqu'un malade atteint d'affection mentale s'évade d'un établissement public ou privé ; sa réintégration peut s'accomplir par les soins du personnel de l'établissement sans aucune formalité, si elle a lieu dans un délai de quinze jours. Passé ce délai, le placement doit être effectué dans les conditions prévues par l'article 7.

Par ces deux exemples, les seuls du reste où il soit question d'absence de formalités, on peut juger dans quelle mesure le législateur a fait preuve de libéralisme.

CHAPITRE III

Le projet de loi et les malades soignés chez eux

Les craintes de séquestration arbitraire. — La loi de 1838 ne s'occupe que des malades des Asiles ; on n'a pas cru nécessaire d'étendre davantage son action et de la faire porter sur les malades soignés dans leur famille. C'est qu'à cette époque, la tarentule de la « *séquestration arbitraire* » n'avait pas encore piqué le législateur.

On aurait pu croire que cette catégorie de malades serait au moins exempte de formalités et qu'on aurait égard à la situation de familles assez éprouvées déjà par le malheur ; les commissions de la Chambre et du Sénat en ont jugé différemment et, de même que les hôtes des Asiles deviennent les victimes des craintes exagérées d'*internements injustifiés*, de même les malades soignés par leurs proches vont souffrir du souci dont ne peut se distraire le législateur : celui d'empêcher les séquestrations.

En 1882, ce souci se manifestait à la tribune de la Chambre où M. Dubouchage faisait les observations suivantes : « La loi est absolument muette au sujet d'une

chose qui me paraît très grave. Il est des familles qui
répugnent à placer leurs parents privés de raison dans
les maisons publiques ou particulières et qui les gardent
chez elles. Il se passe, à ce sujet, des choses fort graves,
des abus odieux. Je ne crois pas que, dans notre loi,
nous devions laisser subsister une lacune à cet égard. »

En 1884, Théophile Roussel déplorait, lui aussi, cet
état de choses : « L'intérêt de la Société, disait-il, celui
de la liberté individuelle, la protection de l'aliéné et de sa
fortune exigent que la famille ne reste plus entourée
d'un mur infranchissable du moment qu'un de ses membres reste emprisonné derrière ce mur. »

Enfin, M. Strauss, au Sénat, le 2 décembre 1913, joint
en ces termes sa protestation aux précédentes : « Il faut
étendre aux personnes soignées dans les familles les dispositions protectrices de la loi. C'est dans les domiciles
privés que les séquestrations arbitraires, dont la pers-
pective émeut à bon droit l'opinion publique et la presse,
peuvent se produire. »

Ici encore nous retrouvons l'influence de cette opinion publique prompte à porter un jugement d'après ses
passagères impressions et incapable de mesurer les conséquences d'un geste irraisonné ; nous allons de nouveau
assister au spectacle de législateurs dominés par la voix
du dehors, se laissant entraîner par elle.

En réalité, les cas de séquestration arbitraire sont
exceptionnels ; ils tombent sous le coup des *articles* 341
et 342 *du code pénal* qui, à juste titre, sont extrêmement

sévères puisqu'ils punissent des « *travaux forcés à per-pétuité* » ceux « *qui auront séquestré des personnes quel-conques pendant plus d'un mois.* »

Nous sommes persuadé que si, pour séquestrer un mal-heureux, des individus en arrivent à encourir les risques d'une semblable condamnation, en présence de mesures nouvelles, quelles qu'elles soient, destinées à entraver leurs desseins, ils sauront prendre leurs précautions et éviter des obligations gênantes. Mais, en s'appliquant indistinctement à tous les malades atteints d'affection mentale soignés à leur domicile, ces mesures risquent de porter un préjudice très grave aux familles qui, s'inclinant docilement, devront les subir ; la loi n'atteindra que ces familles parce qu'elles auront déclaré leurs malades, et par ce seul fait prouvé justement qu'on n'a pas à craindre d'elles de séquestra-tions arbitraires ; les criminels, eux, sauront toujours demeurer en marge de la loi.

L'ARTICLE 10 DU PROJET. — C'est l'article 10 du projet de loi de la commission sénatoriale qui régit les psy-chopathes soignés en dehors des asiles et des maisons de santé ; voici les paragraphes intéressant ces malades :

La déclaration prescrite par l'article 7 n'est pas nécessaire quand un malade atteint d'affection mentale se trouve en trai-tement dans une maison privée où réside le conjoint du ma-lade, ou bien un ascendant, un descendant, un frère, une sœur, un oncle, une tante ou même le tuteur, si le conseil de famille a spécialement autorisé celui-ci à se charger des soins à donner au malade.

Si cependant le traitement dure plus de six mois, le conjoint, le parent ou le tuteur doit en aviser le procureur de la République et lui fournir un rapport sur l'état du malade.

Le procureur de la République peut demander un nouveau rapport quand il le juge nécessaire ; il peut même charger un médecin des établissements publics de visiter le malade à plusieurs reprises et de lui faire chaque fois un rapport sur son état et sur les soins qu'il reçoit.

Ainsi, sous prétexte de protéger le malade contre une hypothétique séquestration, on va exercer sur sa famille une surveillance continuelle, la suspicion planera sur elle, et, en se dévouant à l'un de ses membres auquel elle aura voulu éviter l'asile, elle ne se sera pas mieux garantie contre les indiscrétions. La « tare » n'est donc pas réservée qu'aux pensionnaires des établissements d'aliénés. ce qui est trop, doit-elle être inséparable de toute maladie mentale ?

Nous ne saurions, en termes plus touchants que le professeur Gilbert Ballet, mettre en relief ce qu'a de vexatoire et d'inhumain une telle surveillance : « J'avoue, dit-il, que je ne vois pas sans appréhension cette menace d'une surveillance humiliante. Qui de nous ne partagerait ce sentiment en se rappelant les efforts et les sacrifices dont nous sommes quotidiennement les témoins : abnégation d'une mère, d'une fille ou d'une épouse se consacrant pendant des mois et des mois à entourer de sa sollicitude une fille aboulique ou obsédée,

CALOT   4

un fils dément précoce, un mari paralytique général, une
mère mélancolique, s'attachant avec une admirable per-
sévérance à défendre contre la maison de santé, dans la
discrétion jusqu'ici respectée du home, ces êtres chers
dont ils ont l'illusion de dissimuler ainsi l'infortune ?
Désormais l'homme de loi pénétrera dans le sanctuaire
inviolé. C'est grave. Etes-vous sûr que les avantages
compenseront les inconvénients de votre disposition lé-
gislative ?... Je crois cette disposition vexatoire et ineffi-
cace ; on ne se contente pas de punir, on présume le délit. C'est traiter les malades et leur famille plus mal que
les apaches qu'on ne place qu'après condamnation, c'est-
à-dire après le délit, sous la surveillance de la haute police ».

Tous les aliénistes sont d'accord sur ce point, M.
Strauss ne pourra pas ici, comme il le faisait, à tort
d'ailleurs, au sujet de l'intervention judiciaire, nous parler d' « *acceptation unanime* » ; c'est bien plutôt en effet
la « *réprobation unanime* » que soulève contre lui ce
nouvel article. Le Congrès des aliénistes réunis au Puy
en août 1913 adressait au Sénat la protestation « *unanime* » de ses membres dans le paragraphe suivant de son
« *vœu* » : « .... Que si l'autorité doit veiller à empêcher
les séquestrations à domicile, possibles mais très rares, et
les mauvais traitements dont il arrive de loin en loin que
certains malades gardés chez eux soient l'objet, on doit
éviter de même avec soin d'imposer une surveillance
humiliante et compromettante pour les intérêts matériels

et moraux aux familles qui, pour soigner leurs malades chez elles, font de louables sacrifices de temps, de dévouement et d'argent ».

Cette partie du vœu n'a pas été plus entendue jusqu'ici que le reste puisque, en première délibération, dans sa séance du 13 décembre 1913, le sénat adoptait l'article 10.

L'article 10 accorde en outre au tribunal le droit d' : ordonner en chambre du conseil, sur la demande du procureur de la République, que le malade soit confié à un autre membre de la famille ou même placé dans un autre établissement public ou privé....

Si les soins qui lui sont donnés sont insuffisants. La demande du procureur de la République ne pouvant s'appuyer que sur l'avis d'un médecin, à ce point de vue cette mesure nous semble satisfaisante ; mais nous craignons que le procureur ne se hâte de réclamer l'Asile ou la maison de santé ; et nous voudrions qu'on consulte plus sérieusement le conseil de famille qui, en somme, a seul qualité dans le choix d'une personne à qui confier le malade ; il serait bien rare, surtout dans les familles aisées, qu'il ne s'en rencontre pas. Lorsqu'il s'agit d'un malade qui ne refuse pas les soins et qui, d'autre part, n'est pas dangereux, nous estimons que l'impossible doit être tenté pour éviter l'établissement public ou privé, et que c'est à défaut de toute autre solution que le procureur pourra recourir à celle du placement.

CHAPITRE IV

Le projet de loi et les malades à l'étranger

Le cas de psychopathes qui pour fuir notre formalisme n'hésitent pas à s'expatrier est peut être plus fréquent qu'on ne pourrait l'imaginer. Aujourd'hui, sous le régime de la loi de 1838, ils peuvent encore trouver à l'étranger un refuge contre les vexations et les indiscrétions qui les assaillaient en France ; mais bientôt ce dernier abri leur sera refusé ; les formalités qui accueillent les malades à l'Asile, qui, après l'adoption de la loi « *réformatrice* », iront les tracasser jusqu'en leur demeure, n'épargneront plus ceux qui seraient pourtant en droit d'espérer quelque repos du moins hors de leur pays.

Théophile Roussel, outré de ce que des familles pussent manquer de patriotisme au point de chercher à l'étranger une maison de santé où leurs malades fussent en sûreté, laissait éclater son indignation au Sénat : « Il n'y a, disait-il, presque pas de grand asile visité par les délégués de la commission du Sénat à l'étranger où nous n'ayons rencontré quelque français aliéné. Nous en avons

trouvé parmi les aliénés criminels de Broadmoor ; nous
avons vu parmi les pensionnaires de Gheel des malades
appartenant à des familles considérables de notre pays,
Partout nous avons constaté que ces placements, soit
qu'ils aient lieu à la suite d'une atteinte d'aliénation qui
a surpris un français loin des siens, ou qu'ils soient le
résultat d'un transfèrement opéré intentionellement par
une famille, étaient absolument ignorés des autorités pu-
publiques, tant de celles du pays d'origine du malade
que de celles du pays dans lequel le placement est
effectué ». Et M. Strauss qui, dans son rapport, cite
complaisamment ces paroles, d'ajouter :

« Il semble qu'à cet égard des traités de réciprocité
devraient être passés avec les gouvernements étrangers »,

Est-il possible que les deux rapporteurs n'aient point
vu la véritable cause du grand nombre de ces placements
lointains qu'ils déplorent, et croit-on, en toute sincérité,
qu'une loi dictée par la terreur d'internements et de séquestrations arbitraires soit de nature à rendre ces exodes
moins fréquents ? En tout cas nos législateurs pensent
faire œuvre de *protection individuelle* en augmentant la
rigueur de leur projet de réforme, et ils nous apportent
le nouveau texte que voici :

L'article 12 du projet. — Nul ne peut être conduit à l'é-
tranger pour y être placé dans un établissement recevant
des aliénés, sans que la déclaration en ait été faite, avant le
départ, au procureur de la République du domicile du malade ; cette déclaration devra être accompagnée du rapport
médical circonstancié prescrit par l'article 7. Tout fran-

çais qui, à l'étranger, provoque le placement d'un français dans un établissement recevant des aliénés, est tenu de faire, dans le délai d'un mois à partir du placement, la déclaration de ce placement au procureur de la République du dernier domicile en France du malade.

Les aliénistes demandent quels peuvent bien être les faits qui légitiment des mesures aussi césariennes. Il est certain qu'aucun argument de quelque valeur n'a été présenté à leur appui, pas plus à la Chambre qu'au Sénat. A ce sujet encore le congrès du Puy élève sa protestation; il juge « qu'exiger, en cas de placement d'un malade dans un établissement de l'étranger, une déclaration au procureur de la République du lieu de la résidence, c'est sacrifier au souci de la préoccupation chimérique d'*internements injustifiés*, la possibilité de dissimuler certaines infortunes et léser ainsi des intérêts éminemment respectables ». Nul doute que, sur ce point comme sur les autres, le vœu du Congrès reste vain.

M. le secrétaire d'état nous fournit le mot de la fin, il est caractéristique : pendant la discussion du projet de loi au Sénat, en première délibération, ce représentant du gouvernement demanda la parole pour regretter que l'article 12 « ne soit accompagné d'aucune sanction pénale ». Qu'on nous permette de ne pas insister.

TROISIÈME PARTIE

Les Réformes nécessaires

CHAPITRE I

La Réforme de l'opinion

En présence de la situation faite actuellement aux psychopathes par la loi de 1838 ; en prévision de celle qui leur sera créé après l'adoption définitive du projet de loi encore en discussion, il est loisible d'entrevoir un régime qui soit en même temps moins exempt de justice et plus rationnel, qui satisfasse à la fois le souci de la *défense sociale* et de la *préservation individuelle*.

N'est-il pas tout d'abord nécessaire que l'opinion publique soit éclairée ? Il ne serait peut être pas excessif de souhaiter qu'elle se fasse du psychopathe une idée plus conforme à la réalité et moins dépendante de légendes qui se sont trop facilement accréditées auprès d'elle :

« La croyance à l'incurabilité de la folie, écrit le D^r Le-

grain, est un des préjugés les plus enracinés qui soient ;
dans le monde profane, cela tient du dogme. On y est encore plus qu'on ne le pense imprégné de superstitions
moyenâgeuses et il ne faudrait pas gratter bien profondément l'épiderme intellectuel de beaucoup de lettrés
eux-mêmes pour en trouver l'explication, que les illettrés
acceptent comme d'instinct : la folie a je ne sais quoi de
mystérieux et de diabolique, où l'on voit plutôt la place
de l'exorciseur que du médecin. »

Ceux qui obéissent à l'opinion, qui s'en réclament et
la représentent, ne sont pas, pour la plupart, beaucoup
mieux instruits qu'elle ; il serait urgent et désirable qu'a-
vant de discuter le texte d'une loi concernant les « *malades atteints d'affection mentale* » ils possèdent enfin
la notion suffisamment précise de ce que sont ces malades. Nous n'exagèrerons nullement en disant que le très
grand nombre parmi les membres des deux Assemblées
ne peut faire à cet égard que des suppositions entachées
d'erreur. Certains d'entre eux d'ailleurs ne dissimulent
nullement leur incompétence ; au Sénat, M. de Lamar-
zelle, lors de la séance du 23 décembre 1913 qui clôtu-
rait le débat en première délibération, n'avouait-il pas :
« Nous ne savons pas, en réalité, quelles sont les affections mentales qui tombent sous l'application du régime
des aliénés », et, consciencieusement, il indiquait en même temps à ses collègues le moyen de se renseigner :
« J'ai été très étonné, je l'avoue, quand j'ai vu présenter
ce projet de loi sans qu'on nous apporte sur cette ques-

tion technique de premier ordre, d'une telle importance,
l'avis de l'Académie de médecine. » D'autres, avec la
plus parfaite bonne grâce, nous prouvent à quel point la
question leur est étrangère ; tel est M. Léon Labbé dont
nous relevons, pour l'exemple, ces paroles prononcées le
même jour, devant la même Assemblée : « Je suis absolument d'avis que les mots de *atteints de maladie mentale*
ne présentent aucune espèce de précision et qu'à ces mots
doit être substitué celui *d'aliénés*. Je crois qu'ainsi on
pourra se mettre d'accord. » C'était pour l'honorable sénateur une élégante solution de statu quo dont il n'aurait
certainement pas eu l'idée si l'occasion lui avait été pro-
curée de consulter quelque aliéniste ; solution irraisonnée
d'un problème dont les données lui échappaient.

En ceci donc, comme en tant d'autres choses, l'éduca-
tion de la masse est à faire ; elle dépend de celle de ses
représentants qui auraient sagement agi en demandant
à l'Académie de médecine de les diriger, en vue de l'œuvre à accomplir, à travers ces questions ténébreuses pour
eux.

Les trois catégories de malades dans les Asiles actuels.
— Vue autrement qu'à travers le brouillard de l'opinion
commune, la population des asiles se scinde en trois
groupes très nettement distincts et bien déterminés par le
professeur Gilbert Ballet : « *les malades dangereux contre lesquels il faut se protéger ; les malades protestataires
auxquels il est nécessaire d'imposer le traitement ; les
malades susceptibles simplement d'assistance.* »

Composent la première catégorie (dangereux) : les *aliénés criminels ou criminels aliénés*, selon que l'on admettra ou non la criminalité créée par la psychose ; *les vicieux* dont le Dr Bonhomme, qui en a bien précisé la place (1), nous dit : « Insociabilité, antisociabilité, amoralité, tel est en résumé le bilan de leur symptomatologie. Avec quelques caractères secondaires, ils me semblent assez nettement délimiter un groupe d'aliénés qui méritent cette appellation d'aliénés vicieux. »

La catégorie des protestataires comprend surtout des *revendicateurs*, des *quérulents*, des *interprétateurs* du type Sérieux, Capgras, des *folies raisonnantes*.

La dernière catégorie, qui nous intéresse ici particulièrement, puisque nous voudrions lui épargner la tare de l'Asile, comporte ceux qu'on a appelés des *«malades d'hôpitaux »*. Une classe importante des psychoses : *les psychoses par auto-intoxications*, se rattache à la médecine générale ; toutes les toxines élaborées par les différents organes ne sont-elles pas susceptibles d'agir sur le cerveau ? C'est ainsi que le professeur Régis décrit des psychopathies spéciales par auto-intoxications d'origine gastro-intestinale, hépatique, rénale, cutanée, génitale, ty-roïdienne, pituitaire, surrénale, etc. ; des psychopathies générales par auto-intoxications au cours de maladies diathésiques, de périodes d'inanition ou de surmenage, de traumatismes, possibles enfin consécutivement à des

_____

(1) Dr Bonhomme. Les déséquilibrés insociables à internements discontinus. Thèse de Paris, 1911.

insolations, à des opérations chirurgicales, etc. Malades
d'hôpitaux aussi les *intoxiqués* qui viennent réclamer
d'eux-mêmes qu'on les guérisse de leur alcool, de leur
morphine, de leur éther, de leur cocaïne, etc. Et sont-ce
enfin des malades d'Asile que cette foule de *mélancoli-
ques*, d'*obsédés* de toute nuance, de *déments précoces*
inoffensifs, de *confus*, de *délirants* au cours d'affections
passagères, d'*hystériques* même qui encombrent nos établissements d'aliénés ?

Nous n'avons ni la prétention ni la place, en cette brève
étude, de faire l'énumération détaillée de tous les groupes
de malades susceptibles d'assistance ; en un mot nous
dirons que nous nous refusons à reconnaître comme destinés à la *maison des fous* au même titre que les autres
malades d'Asile et après qu'ils aient subi les mêmes formalités qu'eux, tous ceux qui ont leur place dans notre
dernière catégorie, c'est-à-dire qui ne sont ni des dangereux, ni des protestataires. Telle est la conception, pourtant assez précise, dont nous voudrions voir s'inspirer
nos législateurs.

Mais tandis que, dans la loi, le bénéfice de dispositions
spéciales devrait être accordé à ces malades qui, d'après
le chiffre fourni par le Congrès du Puy, sont, par rapport
à l'ensemble des pensionnaires des établissements publics d'aliénés, dans la proportion considérable de 80
pour 100, nous cherchons en vain un texte humanitaire ;
la loi de 1838 englobe indistinctement dans les mêmes
mesures tous ceux qu'elle régit ; quant au projet de loi,

on en a rendu les dehors moins sévères en substituant dans son titre au terme d' « *aliénés* » les mots de « *atteints de maladie mentale* » ; le reste de l'édifice ne correspond malheureusement pas à la rassurante façade, et nous avons vu qu'on n'y fait rien de plus que resserrer encore le lacis des formalités. Nous demandons une loi *d'assistance*, on nous en offre une de *protection* ; il ne faudrait pas confondre. N'avons-nous pourtant pas fait l'expérience de ce qu'a donné, comme le dit le Dr Legrain : « près d'un siècle d'une législation dont l'essence est d'administration policière et de protectionnisme bourgeois » ? Le résultat en est que l'Asile actuel représente une sorte de succursale de la prison : une *prison-hospice*, pourrait-on dire, établissement où l'on traite sans dûreté des gens privés de leur liberté, mais où l'on ne soigne pas.

CHAPITRE II

L'hospitalisation des psychopathes

« Le psychopathe aigu à l'hôpital, le psychopathe chronique à l'hospice ou à la colonie » ; telle est la formule que le professeur Gilbert Ballet nous donne comme représentative des conceptions de l'*Avenir*. C'est en somme la suppression de l'Asile avec son régime vexatoire, et la formule acquiert de ce fait un titre suffisant à l'approbation de ceux, qui respectueux de l'œuvre du *passé*, ne veulent cependant pas y rester figés.

Mais comment réaliser l'hospitalisation des malades atteints d'affection mentale ? Tous les médecins et aliénistes sont loin de tomber d'accord sur ce point. Les uns parlent d'hôpitaux entièrement destinés à ces malades ; d'autres sont partisans de services spéciaux dans les hôpitaux ordinaires déjà existants ; enfin les défenseurs de l'Asile se contentent de demander la création dans chaque établissement d'aliénés de quartiers particulièrement aménagés pour recevoir les psychopathes aigus.

Les hôpitaux pour psychopathes. — L'idée de l'installation d'hôpitaux pour psychopathes n'est pas nouvelle ; en Allemagne surtout elle a fait de nombreux adeptes, et

ce pays nous donne aujourd'hui l'exemple des plus inté-
ressantes réalisation.

Au début du XIX° siècle Langermann fondait le premier établissement de ce genre. Dans un article consacré
à l'Assistance des aliénés en Allemagne (1), le D' Sérieux
nous apprend que la *renfermerie de fous* fondée en 1791
à Bayreuth, était transformée de 1805 à 1810 en un « véritable hôpital d'aliénés », et qu'un asile spécial rece-
vait les incurables à Schwabach. Les doctrines de Langermann eurent en Prusse une influence considérable, Griesinger, après lui, étudiait la question de la *séparation des
curables et des incurables*, et se déclarait partisan d'établissements distincts : « Un mode bien entendu d'assistance publique des aliénés, dit-il, doit satisfaire à deux
conditions essentielles ou, si l'on veut, doit comprendre
deux espèces principales d'Asiles, qui doivent être absolument séparés parce qu'ils doivent avoir une situation,
une distribution et une organisation complètement différentes, les malades devant faire dans les uns un séjour
exclusivement transitoire ; dans les autres, un séjour
prolongé. » Il demandait la création *d'hôpitaux urbains*
pour les aigus, de colonies agricoles pour les chroniques
aptes au travail, d'hospices pour les chroniques impo-
tents. Plus récemment ces idées ont été reprises par le
professeur Kraepelin, partisan de deux sortes d'établissements : les uns, organisés dans les villes, servant à la fois

D' Sérieux. Notice historique sur le développement de l'Assistance des aliénés en Allemagne (Archives de Neurologie. Novembre 1895, vol. XXX, n° 195.

de bureau d'admission et d'hôpital de traitement ; les autres, construits à la campagne, recevant les formes chroniques. Le professeur Meschede demande, lui aussi, la
création dans certaines villes de petis hôpitaux destinés
aux seules maladies mentales.

Suivant un ordre d'idées comparable, le D* Peretti,
dans le rapport qu'il présentait à la « réunion des psy-
chiâtres de la Province rhénale », le 1o juin 1899, étudiait la question des *Sanatoria pour maladies nerveuses* ;
et le D* Hoffmann, en même temps que lui, se faisait le
défenseur des *Sanatoria populaires* destinés aux « névroses sans troubles psychiques graves » (il parlait surtout de
l'hystérie et de la neurasthénie), aux « formes légères de
certaines psychoses, telles que folie circulaire, mélanco-
lie périodique » ; aux « imbéciles » et à « certains délirants légèrement atteints, obsédés et hypocondriaques » ;
enfin tout particulièrement aux « névroses traumati-
ques ».

La campagne menée, Outre-Rhin, en faveur de la création d'hôpitaux pour psychopathes, a donné d'apprécia-
bles résultats. Le temps n'est plus où Franck, décrivant
un asile de Prusse pouvait parler « des malheureux cou-
verts de haillons et dégoûtants de malpropreté, ... des
chaînes, des liens et de la brutalité des gardiens » ; aujourd'hui, de plus en plus, on tend, en Allemagne, à
considérer les maladies mentales au même titre que toute
affection frappant un organe quelconque de l'organisme

humain, et à les placer dans leur véritable cadre qui est l'hôpital.

Les Drs Sioli et Dannemann, au congrès de Francfort, en 1900, ont bien montré l'utilité des *petits hôpitaux urbains* pour le traitement des aliénés aigus. La ville de Francfort, avec son établissement de trois cents lits, que dirige le Dr Sioli, nous offre un exemple qu'il serait souhaitable de voir suivre en France ; on y reçoit des alcooliques pour un quart, des maladies mentales organiques (paralysie générale, démence sénile) pour un autre quart; pour un huitième d'épileptiques et d'hystériques, pour un huitième d'imbéciles et de dégénérés ; le dernier quart des entrées est fourni par les psychoses dites simples (psychoses d'épuisement, hébéphrénie, catatonie).

L'existence, dans nos villes, d'hôpitaux semblables serait une sérieuse garantie pour les familles qui n'hésiteraient plus, comme elles le font actuellement par crainte des formalités imposées, à se séparer de leurs malades ; en outre, ainsi que le fait constater le professeur Meschede, « le public manifeste de la répugnance à placer les aliénés dans les établissements ordinaires, encombrés d'incurables, tandis qu'il hésite moins longtemps à les faire traiter dans une clinique de malades curables »; là, en effet elles trouvent *l'hospitalisation immédiate* et *les soins* que seuls peuvent procurer les hôpitaux.

Mais jusqu'ici, en France, si des sacrifices ont été consentis pour l'amélioration du sort des incurables, les curables restent privés des soins médicaux nécessaires. Cependant des aliénistes éminents ont formulé des vœux encore inexaucés. Le Dr Touloues, devant la « Commission mixte pour l'étude des questions d'assistance des aliénés », réclamait la création de deux catégories, de services : des hopitaux pour les aigus et les curables, des asiles pour les chroniques et les incurables. Parmi tant d'autres protestations, celle du Dr Armand (de Lyon) vaut d'être citée : « L'hospitalisation, écrit-il, n'aurait pas pour les aliénés les tristes conséquences sociales qu'entraîne actuellement l'internement, ils seraient considérés vraiment comme des malades, et non comme des êtres à part, ayant perdu leurs qualités d'hommes, dont on a peur et qu'on méprise ; petit à petit, les préjugés tomberaient ; on se ferait à l'idée que les maladies mentales ne sont pas plus déshonorantes que les maladies organiques. On cesserait de les considérer comme des tares inavouables... En résumé, il semble que l'hospitalisation des aliénés ainsi comprise unit à une économie notable les conditions les meilleures pour assurer un traitement efficace au plus grand nombre de maladies possibles. »

Chez nous, l'hôpital urbain a trouvé moins de défenseurs qu'en Allemagne ; plus nombreux sont les partisans de services spéciaux créés pour maladies mentales dans les hôpitaux ordinaires.

Les services de maladies mentales dans les hôpitaux. — Il faut, écrivait le Dr Roux (de Saint-Etienne) dans l'un de ses rapports, que les délirants, puissent être admis à l'hôpital au même titre que les autres malades, *sans nulle formalité* autre que la visite de l'interne et le billet d'admission signé par lui. » L'administration des hôpitaux de Saint-Étienne donnait suite à ce vœu en demandant la création d'un pavillon spécial pour les délirants, auquel serait adjoint un dépôt pour les aliénés.

Le professeur Régis et le Dr Armand (de Lyon) ont mis leur grande compétence au service de la même cause qui a rencontré, jusque dans le Sénat, un défenseur, timide il est vrai, en la personne de M. Genoux ; lors de la dernière discussion sur le projet de réforme, celui-ci exprimait le désir que « les ayants droit aient la possibilité de provoquer d'office l'internement dans l'hospice ou l'hôpital du lieu, lorsque ces établissements seront pourvus de quartiers ou de pavillons aménagés pour le traitement des maladies mentales. »

...« Je désirerais, ajoutait M. Genoux, voir introduire dans la loi la faculté de hâter la mise en observation et l'isolement des délirants, pour leur épargner le passage au cabanon et la tare de l'Asile. » Mais l'honorable sénateur diminuait de beaucoup la valeur de sa proposition en limitant à un maximum de quarante jours le séjour du malade à l'hôpital ; il retirait du reste son amendement après que la commission eût entendu sur ce point l'avis défavorable du professeur Magnan qui estime que les meilleures conditions de traitement et les plus grandes chances de guérison ne peuvent être données aux malades que dans un établissement approprié. Actuellement il n'y a pas, en effet, à part quelques rares exceptions, dont le service créé à l'Hôtel-Dieu par le professeur Gilbert Ballet, de salles ou pavillons spéciaux pour nos psychopathes dans nos hôpitaux ordinaires ; mais lorsqu'un psychiâtre sera attaché à chaque hôpital, la proposition de M. Genoux deviendra réalisable.

Cependant cette solution demeure très discutée ; la polémique qui suivit l'apparition de la thèse du D' Frantz Adam en est une preuve. Le D' Roger Mignot, prenant la défense de son élève, écrivait dans la Revue de Psychiâtrie de janvier 1913 : « Le D' Adam veut éliminer de l'asile d'aliénés ordinaires certaines catégories d'épileptiques, d'alcooliques, d'idiots et de crétins ; il considère enfin comme abusivement internés dans les asiles des malades délirants au cours d'affections passagères ou terminales, et il réclame pour eux la création de services particuliers.

« Le professeur Jean Lépine déclare que la psychiâtrie ne peut gagner à être exercée par des médecins d'hôpital ; mais est-ce que l'hôpital ne gagnerait pas à compter un psychiâtre parmi ses médecins, à côté du chirurgien, de l'accoucheur, de l'oculiste, etc.

« Le jour où les desidérata du D' Adam seront réalisés, les délirants trouveront à l'hôpital le psychiâtre et les installations nécessaires à leur cure ; leur affection passagère échappera ainsi à la malignité publique et ils ne traîneront pas toute leur vie cette tare qui, à tort ou à raison, s'attache à ceux dont la maladie a subi le visa administratif ».

L'avis du D' Juquelier est que « de quelque nom qu'on désigne demain les services hospitaliers spéciaux affectés à la surveillance des délirants aigus et les quartiers d'hospices destinés à abriter les grands débiles ou les vieillards déments, ces services se distingueront toujours de l'hôpital et de l'hospice ordinaires ». Le D' Juquelier a raison, si l'entrée des malades dans « *les services hospitaliers spéciaux* » dont il parle doit être soumise aux mêmes règles que l'entrée à l'Asile et si leur régime ne doit pas en être différent; nous pensons qu'il a tort dans le cas contraire, et nous ne saisissons pas pourquoi un psychopathe arrivant de son plein gré ou accepté sur la demande des siens et sans formalités dans la section qui lui est réservée, serait différent des pensionnaires tuberculeux, syphilitiques, cardiaques, etc., des sanctions voisines.

A défaut d'hôpitaux spéciaux, il nous semble donc que des *services spéciaux* dans les hôpitaux ordinaires constituent une excellente réforme ; mais il ne faudrait pas qu'ils n'existent qu'à titre de services d'observation d'où les malades seraient, après un temps très court, transférés dans les asiles ; l'innovation n'aurait plus alors de raison d'être, les familles ne se souciant guère de confier quelqu'un des leurs à l'hôpital dans des conditions aussi incertaines. D'autre part, nous ne concevons pas un service de maladies mentales qui ne soit dirigé par un psychiâtre. Enfin nous ne reconnaissons que bien peu de valeur à la création de ces sortes de sections si les malades doivent ne pas y rentrer aussi librement qu'on entre

d'ordinaire dans tous les services d'hôpitaux : par la
« consultation ».

L'hôpital dans l'Asile. — De nombreux aliénistes ne
veulent pas entendre parler de l'hospitalisation des malades aigus ailleurs qu'à l'Asile ; ils jugent que les établissements d'aliénés, sous le régime actuellement en vigueur
sont défectueux, et ils pensent que l'organisation d'un
service hospitalier spécial dans le corps même et sous la
dépendance de l'asile remédie suffisamment à cet état de
de choses. Paul Brousse en 1897, devant le conseil général de la Seine, s'instituait le champion de cette idée :
« On aperçoit alors, disait-il dans la masse inorganique
de l'asile, les grandes lignes de l'être organisé nouveau,
la clinique, l'hôpital, l'hospice, la colonie ; l'outil se mo-
difiant ainsi avec la division du travail, s'appropriant à la
besogne diverse, se spécialisant ».

Ce serait peut-être là un progrès ; au cas où, à part
les criminels et les protestataires, les malades entreraient,
comme le dit le docteur Sérieux, « aussi facilement et
aussi discrètement qu'on entre à l'hôpital »; mais, malgré
cette garantie, nous croyons une telle réforme insuffisan-
te ; de semblables services ne tarderaient pas à devenir
de simples quartiers d'observation assez analogues aux
infirmeries que nous voyons aujourd'hui fonctionner pé-
niblement dans les asiles. Quant à la discrétion, nous
craignons bien qu'il soit illusoire d'y compter ; d'ailleurs le public ne s'accomodera pas d'une institution
aussi vaguement caractérisée ; il continuera, avec quel-

que logique, à confondre les catégories, et pour lui les malades du nouveau quartier ne seront pas différents de ceux des autres quartiers ; cette confusion qui serait un bien s'il s'agissait de l'hôpital ordinaire, sera toujours néfaste lorsqu'on aura affaire à l'asile. Ainsi rien n'aura été changé et, sous le régime de ce système, l'ancien hospitalisé d'asile restera toujours : « *celui qu'on a enfermé chez les fous* ».

Quoiqu'il en soit, les règles de notre assistance sont encore si rétrogrades que nous en voilà réduit à dire, avec le professeur Gilbert Ballet : « Pour le moment, ne soyons pas trop exigents, l'asile vaut mieux que rien, *faisons nous efforts pour qu'il se rapproche de l'hôpital plus que de la prison* ».

Seulement ne nous illusionnons pas : la « tare » subsistera tant que l'asile sera.

CHAPITRE III

L'enseignement de la psychiatrie

Nous avons vu de quel régime nouveau de surveillance le projet de réforme de la loi de 1838 menace les malades en traitement chez eux. C'est que le législateur, tout en craignant les séquestrations arbitraires doute aussi de la compétence du médecin de la famille et de la qualité de ses soins. Il est en effet regrettable que, dans l'état actuel des études médicales, une place aussi infime soit faite à l'instruction psychiatrique du futur praticien ; il suffit de faire un stage dans les asiles pour se rendre compte de l'inconsciente ignorance qui préside trop souvent à la rédaction des certificats fournis à l'appui des demandes de placement. La psychiatrie en France est encore tellement lettre morte, en dehors des milieux spécialisés, que bon nombre de médecins ne se doutent pas de l'étendue des connaissances qui leur font défaut sur ce point ; le résultat en est qu'ils traitent sans méthode et empiriquement les affections mentales découvertes au hasard de leur clientèle, jusqu'au moment où, débordés par les symptômes, ils ont recours au certificat d'interne-

ment grâce auquel leur est dévolue cette douce quiétude
inhérente à l'absence des responsabilités.

Il n'en est pas moins vrai que si le stage de psychiâtrie
était exigé au même titre, par exemple, que celui d'ac-
couchement, un grand nombre de malades pourraient
être soignés à leur domicile avec des garanties très suf-
fisantes, et nous n'aurions pas à déplorer des erreurs de
diagnostic capables d'entraîner de plus fâcheuses conséquences que celle de provoquer le sourire chez l'aliéniste
qui, à l'asile, prend connaissance d'un certificat aux for-
mules imprévues.

Ce nous est encore une occasion de souhaiter la création, dans les hôpitaux des villes, de *consultations gratuites pour maladies mentales* ; consultations gratuites
qui pourraient être confiées à des médecins ayant obtenu
de la faculté un *diplôme de « médecin aliéniste »* analo-
gue à celui qui, sous l'influence des idées de Brouardel,
fut institué pour les « médecins légistes ».

Il y a, dans ce sens, une série de réformes utiles à
accomplir et qui, jointes à celles que nous avons indi-
quées au cours de ce travail, contribueraient puissam-
ment à conquérir enfin pour le malheureux atteint d'affection mentale la place qu'il aurait dû toujours occuper
dans la société : celle de « malade».

Conclusions

I. La loi du 3o juin 1838 donne au placement des malades à l'asile tous les caractères d'une peine. Les formalités imposées tant à l'entrée qu'à la sortie laissent le champ libre à des indiscrétions qui empêcheront le psychopathe guéri d'éviter ce qu'on a appelé la « tare » de l'asile. Les conséquences en sont : l'hésitation des familles à placer leurs malades et des retards apportés au traitement.

— Il n'existe pas dans la loi de 1838 de disposition permettant au malade de se placer lui-même ; le terme de « placement volontaire » y est donc un terme faussé.

— II. Le projet de réforme de la loi de 1838 crée le vrai « placement volontaire » ; mais il est regrettable qu'il ne l'exempte pas, en pratique, de toute formalité.

— Le souci de l'opinion publique est l'origine des formalités nouvelles qui, dans le projet, aggravent encore la situation actuelle. L'article 7 du projet augmente les causes d'indiscrétion, il pose le principe très critiquable de l'intervention judiciaire avec limitation à six mois de la période d'observation.

— En réclamant une déclaration de toute famille qui

soigne chez elle un psychopathe, le projet innove une surveillance humiliante et livre cette famille ainsi que son malade à la malignité publique.

— Par la déclaration qu'il exige aussi des malades conduits à l'étranger, il refuse aux familles la seule chance qui leur restât encore de dissimuler leur infortune.

— III. Il est à souhaiter que l'opinion publique soit instruite de ce que sont les psychopathes et qu'on en arrive à la création d'établissements conçus sur le type des hôpitaux urbains d'Allemagne, sans formalités, pour les curables, d'hospices pour les incurables ; qu'à défaut d'hôpitaux urbains on organise des services spéciaux dans les hôpitaux ordinaires ; qu'enfin, si le maintien des asiles ne peut être évité, l'entrée des malades qui ne sont ni criminels, ni protestataires, y soit aussi libre qu'à l'hôpital ; et, dernier vœu, que l'enseignement de la psychiatrie soit donné à tous les médecins, garantie nécessaire aux malades soignés chez eux.

Bibliographie

Adam. — Contribution à l'étude de l'assistance des aliénés. *Thèse de Paris 1911.*

Armand (de Lyon). — Nécessité de créer des hôpitaux d'aliénés curables et de délirants. *Villefranche 1902.*

Ballet. — Quelques observations à propos du projet de révision de la loi de 1838 sur les aliénés voté par la chambre des députés et soumis au Sénat. *Bulletin de l'académie de médecine. Tome LXIX, 7e année,* p. 372. — Traité de Pathologie mentale *publié sous la direction du professeur Gilbert Ballet.* — Les mesures législatives contre les délinquantes irresponsables. — *Ann. méd. psychol. 1893.*

Biaute. — L'assistance aux vieillards et aux infirmes cérébraux. *Gaz. méd. de Nantes, juin 1907.*

Bonhomme (J.). — Les déséquilibrés insociables à internements discontinus. *Thèse de Paris, 1911.*

Bourneville et Boyer. — Instabilité mentale, alcoolisme, guérison. *Arch. de neurolog. 1896, t. I p. 199.*

Caldaguès. — Contribution à l'étude de la réforme de la loi de 1838. *Thèse de Toulouse 1905, n° 623.*

Charcot. — Polyclinique de la Salpêtrière. *1887-1888-89.*

Colin. — Les aliénés vicieux dans les asiles d'aliénés. *Rapport au conseil général de la Seine, 29 avril 1899.*

Coutagne. — La folie au point de vue judiciaire et administratif. *Paris, 1888.*

Charpentier. — Quand faut-il enfermer les aliénés. *Paris, 1892.*

Gros-Mayrevieille. — Traité de l'assistance hospitalière. *Berger Levrault. Paris, 1912, Tome II.*

Dagonet. — Traité des maladies mentales. *Paris, 1894.* Des réformes à introduire dans la loi de juin 1838 et les asiles d'aliénés.

Dagron. — Des aliénés et des asiles d'aliénés.

Dardel. — La question des aliénés envisagés au point de vue législatif en France. *Thèse de Paris 1907.*

Descaves. — Déchet humain, Déchet social. *Le Journal 29 mars 1908.*

Dubief. — Rapport à la Chambre des Députés sur les aliénés. *1893.* Le Régime des aliénés. *Paris, 1908.*

Esquirol. — Traité des maladies mentales, t. II, Paris, 1838.

Falret. — Des maladies mentales et des asiles d'aliénés. *Paris 1864.*

Féré. — Du traitement des aliénés dans la famille. *Paris 1889.*

Grasset. — Demi-fous, demi-responsables. *Paris, Alcan, 1907.*

Griesinger. — Traité des maladies mentales, *1861, Traduction française, Paris, 1865.* — Über Irrenanstalten und deren Weiter-Entwickelung in Deutschland. (*Arch. P. Psychiatrie, 1864*), annales médico-psychol. 1868.

Hoffmann. — Sur la nécessité de l'installation de sanatoria populaires pour maladies nerveuses. *Rapport présenté à la réunion des psychiatries de la province rhénale, le 10 juin 1899. Allgem. zeitschr. für Psych. 1899.*

Jabouille. — La thérapeutique des maladies mentales et nerveuses dans les asiles d'aliénés. *Thèse de Paris 1910.*

Juquelier. Des internements abusifs. *Rev. de psychiatrie oct. 1912, n° 10.*

Kraepelin. Psychiatrie. *Leipzig, 3ᵉ édition.*

Labitte. — De l'assistance des aliénés. *Mémoire lu à la soc. médico psychol (30 janv. 1865).*

Lécème. — De l'hospitalisation des délirants. *Rev. méd. de la Suisse romande. 20 sept. 1902.*

Laehr. — Fortschritt-Rückschritt. *Berlin 1868.*

Lagriffe. — Quelques considérations sur l'assistance des aliénés et sur le projet de réforme de la loi du 30 juin 1838. *Ann. médico psychol. 1911.*

Le Bon. — Psychologie des foules. *Paris, Alcan, 1907.*

Legrain. — Rapport sur le service des aliénés du département de la Seine. *1897.* — Les folies à éclipse. *Paris, Blond, 1910.*

Magnan. — Leçons sur les maladies mentales. 2ᵉ édit. *Paris, 1893.*

Marie (A.). Les habitués des asiles. *Congrès de Pau 1901.*

Meschede. — Über Errichtung getrennter Anstalten für heilbare und unheilbare. *Allgem. zeitsch. für Psychiatrie, 1894, t. LL. f. 1.*

Moreau de Tours. — Réflexions sur la médecine psychiatrique en Allemagne. *Annales médico-psych. 1854.*

Parchappe. — Des principes à suivre dans la fondation et la construction des asiles d'aliénés. *Paris, Masson, 1853.*

Peretti. — Sur l'état de la question de la construction de sanatoria pour les maladies nerveuses, et des moyens de la résoudre. *Rapport* présenté à la réunion des psychiatries de la Province rhénale, le 10 juin 1899. allgem. zeitschr. für Psych. 1899.

Régis. — Précis de psychiatrie. 4ᵉ édition 1909.

Rémond (de Metz). — Étude pour servir à la réforme de la loi de 1838, Arch. d'anthropologie criminelle et de médecine légale. sept. oct. nov. 1910.

Rogues de Fursac. — Manuel de Psychiatrie. 5ᵉ édition, 1909.

Roussel. (Théophile). — Rapport portant révision de la loi du 30 juin 1838. Annexé au procès verbal de la séance du sénat. du 20 mai 1884. 2 vol.

Sérieux. — L'assistance des aliénés en France, en Allemagne, en Italie et en Suisse. Rapport présenté au conseil général de la Seine en 1903. Notice historique sur le développement de l'assistance des aliénés en Allemagne. Arch. de neurologie, 1893, vol. XXX nᵒ 105.

Sérieux et Capgras. — Asiles spéciaux pour les condamnés aliénés et les psychopathes dangereux. Rev. de psych. 1905.

Sioli. — Communication au congrès de Francfort, allgem. zeitschr. für Psych. 1900.

Skrauss. — Rapport fait au nom de la commission chargée d'examiner la proposition de loi adoptée par la chambre des députés, relative au régime des aliénés. Annexe du procès verbal de la séance du 12 juillet 1912.

Taguet. — Étude de la loi sur les aliénés du 30 juin, 1838. Ann. méd. psychol. 1875 tome I.

Toulouse. — Doit-on interner les aliénés. Rev. de psychiatrie 1901.

Trélat. — De la folie lucide étudiée et considérée au point de vue de la famille et de la société. Paris, 1861.

Vallet. — Les préjugés en médecine mentale.

Vigouroux. — Commission de surveillance des asiles de la Seine. 1899-1902-1906.

Journal officiel. — Discussion en première délibération sur une proposition de loi relative au régime des aliénés. Nᵒˢ des 5-12-19 et 21 décembre 1913.

Vœu adressé au Sénat au sujet de la future loi sur le régime des aliénés par le Congrès du Puy. Informateurs des aliénistes et des neurologistes, 1913, nᵒ 8.

Circulaire du ministre de l'intérieur aux préfets concernant les asiles spéciaux. Rev. de psychiatrie, 1912, nᵒ 11.

Table des Matières

—

Angoulême, Imprimerie Charentaise, 15, rue d'Arcole.

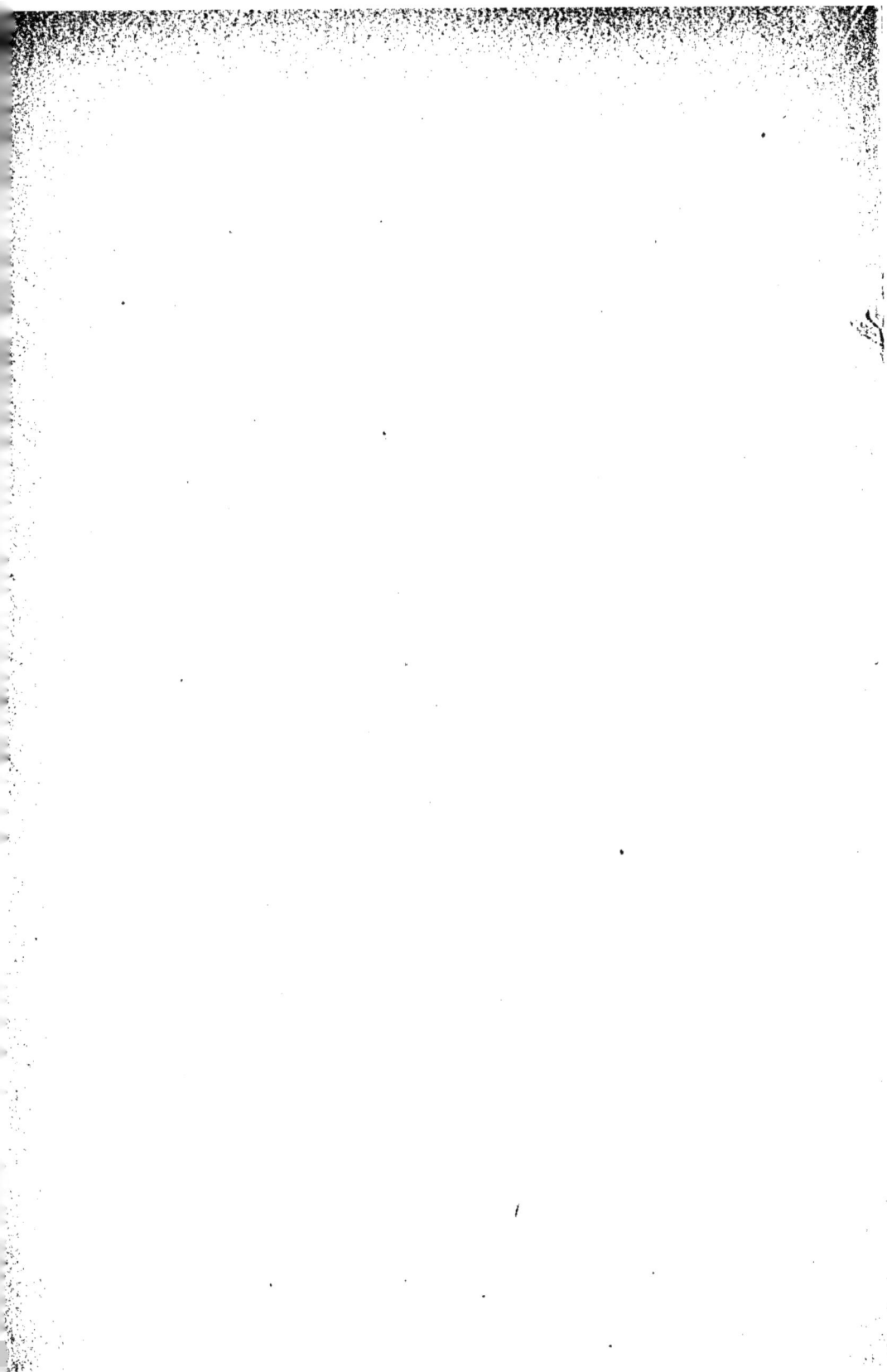

www.ingramcontent.com/pod-product-compliance
Lightning Source LLC
Chambersburg PA
CBHW030929220326
41521CB00039B/1711